Natascha Wehe

Die elektronische Rechnung

Vorsteuerabzug und aktuelle Änderungen

Diplomica Verlag GmbH

Wehe, Natascha: Die elektronische Rechnung: Vorsteuerabzug und aktuelle Änderungen. Hamburg, Diplomica Verlag GmbH 2013

Buch-ISBN: 978-3-8428-9478-5
PDF-eBook-ISBN: 978-3-8428-4478-0
Druck/Herstellung: Diplomica® Verlag GmbH, Hamburg, 2013

Bibliografische Information der Deutschen Nationalbibliothek:
Die Deutsche Nationalbibliothek verzeichnet diese Publikation in der Deutschen Nationalbibliografie; detaillierte bibliografische Daten sind im Internet über http://dnb.d-nb.de abrufbar.

© Diplomica Verlag GmbH
Hermannstal 119k, 22119 Hamburg
http://www.diplomica-verlag.de, Hamburg 2013
Printed in Germany

Inhaltsverzeichnis

A. Einleitung

Elektronische Medien gewinnen im Geschäfts- und Rechtsverkehr zunehmend an Bedeutung. Eine Vielzahl von Änderungen erfolgt insbesondere im Bereich des Steuerrechts. Beispiele hierfür sind die E-Bilanz, die verpflichtende elektronische Übermittlung von Steuererklärungen sowie Voranmeldungen und die elektronischen Rechnungen. Mit dem Ziel, in der Europäischen Union (EU) ein gemeinsames Umsatzsteuersystem aufzubauen, sind eine Vielzahl von Anpassungen in den Mitgliedstaaten vorgenommen worden.

Davon ist insbesondere die Rechnungsstellung betroffen. Neben Rechnungen in Papierform sind seit 2002 auch Rechnungen, die elektronisch versendet werden, zugelassen. Jedoch wurden an die elektronische Rechnungsübermittlung höhere Anforderungen gestellt. Dies soll nunmehr EU-weit geändert werden, sodass durch die allgemein zunehmende elektronische Geschäftsabwicklung in den Unternehmen kein Nachteil für die Nutzung der elektronischen Rechnung gegenüber der Papierrechnung bestehen soll. In Deutschland sind die geforderten Anpassungen bereits umgesetzt worden. In einem einführenden Schreiben[1] vom Bundesministerium der Finanzen hat die Finanzverwaltung bereits Stellung zu einzelnen Problemen durch die elektronische Rechnungsstellung genommen und einen Entwurf zur Änderung des Umsatzsteueranwendungserlasses vorgelegt. Dennoch bestehen noch offene Fragen zur Anwendung von elektronischen Rechnungen, die in diesem Buch diskutiert werden sollen.

---

[1] BMF-Entwurf "Vereinfachung der elektronischen Rechnungsstellung zum 1. Juli 2011 durch das Steuervereinfachungsgesetz 2011 (folgend BMF-E; oder bei Verweis auf die Änderungen zum Umsatzsteueranwendungserlass im selben Schreiben folgend UStAE-E)

B.   Vorsteuerabzug

I.   Vorsteuerabzug im System der Umsatzsteuer

Das deutsche Umsatzsteuersystem wird als Allphasen-Netto-Umsatzsteuer mit Vorsteuerabzug bezeichnet.[2] Die Umsatzsteuer entsteht auf jeder einzelnen Handelsstufe.[3] Somit hat jeder Unternehmer in einer Handelskette seinen Umsatz zu versteuern, in dem er dem Abnehmer auf seine Leistung die Umsatzsteuer in Rechnung stellt.[4] Der Unternehmer ist verpflichtet, die in Rechnung gestellten Umsatzsteuerbeträge an das Finanzamt abzuführen. Die wirtschaftliche Belastung soll nach dem Zweck der Umsatzsteuer jedoch nicht den Unternehmer treffen, sondern den Endverbraucher.[5] Deshalb ist Unternehmern die Möglichkeit des Vorsteuerabzugs eingeräumt worden. Bei der Umsatzsteuer fallen somit Steuerschuldner und Steuerträger auseinander. Jeder Unternehmer einer Handelsstufe kann sich die bei einem Kauf an den Verkäufer bezahlte Umsatzsteuer als Vorsteuer vergüten lassen.[6] Somit wird die bis zu dem Endverbraucher überwälzt, der nicht die Voraussetzungen für den Vorsteuerabzug erfüllt und damit der wirtschaftliche Träger der Umsatzsteuer wird.[7] Hierdurch wird vermieden, dass bei mehrstufigen Handelsprozessen eine Kumulierung der Steuer erfolgt und es wird eine wettbewerbsneutrale Umsatzbesteuerung sichergestellt.[8] Folglich wirkt die Umsatzsteuer bei Unternehmern erfolgsneutral und wirkt sich nicht auf den unternehmerischen Gewinn aus.

Zum Vorsteuerabzug berechtigt sind grundsätzlich nur Unternehmer. Die Berechtigung zum Vorsteuerabzug ergibt sich aus § 15 Abs. 1 Satz 1 Nr. 1 Satz 1 UStG. Demnach können Unternehmer die gesetzlich ge-

---

[2] Robisch, in Bunjes, § 1 UStG Rn. 18.
[3] Jakob, S. 9 Rn. 23.
[4] Jakob, S. 9 Rn. 23.
[5] Kurz, S. 1.
[6] Reiß, in Tipke/Lang, Steuerrecht, § 14 Rn. 150.
[7] Beeck, S. 73.
[8] Scheffler, S. 457.

2

schuldete Steuer für Lieferungen und sonstige Leistungen, die von einem anderen Unternehmer für sein Unternehmen ausgeführt worden sind, als Vorsteuer abziehen. Unternehmer im Sinne des § 2 Abs. 1 Satz 1 UStG ist, wer eine gewerbliche oder berufliche Tätigkeit selbständig ausübt. Sofern die Voraussetzung der Unternehmereigenschaft erfüllt ist, ist der Unternehmer berechtigt Vorsteuerbeträge für die gemäß § 15 Abs. 1 Satz 1 Nr. 1 UStG geschuldete Steuer für Lieferungen und Leistungen, die von einem anderen Unternehmer für sein Unternehmen ausgeführt worden sind, abzuziehen.

II.   Die Rechnung als Voraussetzung zum Vorsteuerabzug

Gemäß § 15 Abs. 1 Satz 1 Nr. 1 Satz 2 UStG ist der Vorsteuerabzug nur zulässig, wenn der Unternehmer eine ordnungsgemäß ausgestellte Rechnung besitzt. Eine Rechnung ist ordnungsgemäß, wenn sie die Voraussetzungen der §§ 14, 14a UStG erfüllt.

III.   Ordnungsgemäße Rechnung

1.   Definition

Eine ordnungsgemäße Rechnung gemäß § 14 Abs. 1 S. 1 UStG ist jedes Dokument, mit dem über eine Lieferung oder sonstige Leistung abgerechnet wird, gleichgültig, wie dieses Dokument im Geschäftsverkehr bezeichnet wird. Es muss sich aus dem Inhalt des Dokuments lediglich die Abrechnung einer Lieferung oder sonstigen Leistung ergeben.[9]

Gutschriften zählen zu den Rechnungen. Eine Gutschrift ist gemäß § 14 Abs. 2 Satz 2 UStG eine Rechnung, die vom Leistungsempfänger ausgestellt wird. Das Erstellen einer Gutschrift muss gemäß § 14 Abs. 2

---

[9] Korn, in Bunjes, § 14 UStG Rn. 5.

3

Satz 3 UStG im Voraus zwischen den Parteien vereinbart werden. Weiterhin muss der leistende Unternehmer von dem Inhalt der Gutschrift Kenntnis erlangt haben.[10] Davon ist auszugehen, wenn dem leistenden Unternehmer die Gutschrift elektronisch oder in Papierform übermittelt wurde und ihm zugegangen ist.[11] Gemäß § 14 Abs. 2 Satz 3 UStG verliert die Gutschrift die Wirkung als Rechnung, wenn der Empfänger der Gutschrift dem ihm übermittelten Dokument widerspricht. Die Folge einer nicht zur Kenntnis genommenen Gutschrift oder einer widersprochenen Gutschrift ist, dass diese unwirksam ist und somit nicht zum Vorsteuerabzug berechtigt.[12]

Ordnungsgemäße Rechnungen müssen gemäß § 14 Abs. 6 Satz 1 Nr. 2 UStG nicht aus einem Dokument bestehen. Somit kann der Rechnungsersteller eine Rechnung aus mehreren Dokumenten zusammenfügen. Dabei sollte der Rechnungsaussteller beachten, in einem der Dokumente die genaue Angabe zum Entgelt und den auf das Entgelt entfallenden Steuerbetrag auszuweisen.[13] Weiterhin muss ein Dokument auf die anderen Dokumente, die Bestandteil der Rechnung sind, verweisen und die Pflichtangaben für eine ordnungsgemäß ausgestellte Rechnung enthalten.[14] Grundsätzlich sind alle Dokumente, die zu einer Rechnung gehören, von dem Rechnungsaussteller auszustellen.[15] Jedoch kann auch ein beauftragter Dritter eine Rechnung oder fehlende Dokumente zu einer Rechnung erstellen.[16]

Von einer Rechnung sind solche Schriftstücke abzugrenzen, die sich allein auf den Zahlungsverkehr und nicht auf die Abrechnung einer Leistung beziehen.[17] Dazu zählen Mahnungen und Kontoauszüge.[18]

---

[10] BFH Urt. v. 15.9.1994 - XI R 56/93, BStBl. II 1995, 275.
[11] Wagner, in Wagner, § 14 UStG Rn. 131.
[12] Stadie, in Rau/Dürrwächter, § 14 UStG Rn. 251.
[13] § 31 Abs. 1 Satz 2 UStDV.
[14] Wagner, in Wagner, § 14 UStG Rn. 43.
[15] USTAE 14.5 Abs. 1 S. 9.
[16] USTAE 14.5 Abs. 1 S. 10.
[17] Lang, in Weimann/Lang, § 14 UStG S. 1283.
[18] UStAE 14.1 Abs. 1 S.4.

Diese Schriftstücke berechtigen somit nicht zum Vorsteuerabzug, weil es an der Leistungsabrechnung fehlt.[19]

Der Finanzverwaltung und den Steuerpflichtigen dienen ordnungsgemäß ausgestellte Rechnungen hauptsächlich als Beweismittel über die Berechtigung zum Vorsteuerabzug und über den in richtiger Höhe abgezogenen Vorsteuerbetrag.[20]

2. Ausstellungspflicht

Der Leistungsempfänger hat einen Anspruch auf Erteilung einer Rechnung gegen den Leistenden, da er eine ordnungsgemäße Rechnung benötigt, um den Vorsteuerabzug vorzunehmen.[21] Dieser zivilrechtliche Anspruch ergibt sich nicht direkt aus dem Gesetz, sondern ist lediglich eine vertragliche Nebenpflicht. Der Verkäufer ist verpflichtet, Rechnungen über den Kaufpreis zu erstellen und die Umsatzsteuer gesondert auszuweisen.[22] Dem Käufer steht ein Zurückbehaltungsrecht des Entgelts zu, solange ihm keine Rechnung ausgestellt wurde.[23]

Entgegen dem Zivilrecht sieht das Umsatzsteuergesetz explizite Regelungen zur Ausstellungspflicht vor.

Die Ausstellungspflicht betrifft ausschließlich Rechnungen, in denen der Steuerausweis gesondert aufgeführt ist. Keine Pflichten bestehen bei Abrechnungen über Umsätze, die beim Empfänger nicht zum Vorsteuerabzug berechtigen.[24] Dabei handelt es sich regelmäßig um

---

[19] Stadie, in Rau/Dürrwächter, § 14 UStG Rn. 213.
[20] BFH Urt. v. 16.12.2008 – V B 228/07, BFH/NV 2009, 620.
[21] Stadie, in Rau/Dürrwächter, § 14 UStG Rn. 67.
[22] Weidenkaff, in Palandt, § 433 BGB Rn. 32.
[23] Wagner, in Wagner, § 14 UStG Rn. 391.
[24] Stadie, in Rau/Dürrwächter, § 14 UStG Rn. 200.

Rechnungen, die gegenüber Nichtunternehmern oder für den nichtunternehmerischen Bereich von Unternehmern ausgestellt werden.[25]

a)   Berechtigung

Gemäß § 14 Abs. 2 Satz 1 Nr. 2 Satz 1 UStG ist jeder Unternehmer berechtigt, für steuerbare Leistungen, die keine steuerpflichtigen Werklieferungen im Sinne des § 3 Abs. 4 Satz 1 UStG oder sonstige Leistungen im Zusammenhang mit einem Grundstück sind, eine Rechnung mit gesondertem Steuerausweis auszustellen.

Folglich fehlt Kleinunternehmern und Privatleuten die Berechtigung zur Erstellung von Rechnungen mit gesondertem Steuerausweis, da diese keine steuerpflichtigen Umsätze ausführen.[26] Kleinunternehmer sind Unternehmer, die gemäß § 19 Abs. 1 Satz 1 UStG bestimmte Umsatzgrenzen nicht übersteigen.

Liegt der Kleinunternehmer mit seinen Umsätzen unterhalb der Grenze, kann er sich für die Regelbesteuerung entscheiden.[27] Sofern er sich dagegen entscheidet, ordnet § 19 Absatz 1 Satz 4 UStG an, dass die Berechtigung zum Vorsteuerabzug und zum gesonderten Steuerausweis entfällt.

b)   Verpflichtung

In allen Fällen, in denen Unternehmer steuerpflichtige Werklieferungen nach § 3 Abs. 4 UStG oder sonstige Leistungen im Zusammenhang mit einem Grundstück ausführen, sind sie gemäß § 14 Abs. 2 Satz 1 Nr. 1 UStG verpflichtet Rechnungen auszustellen. Bei diesen Umsätzen gilt

---

[25] Wagner, in Wagner, § 14 UStG Rn. 80.
[26] Fetzer/Arndt, S. 139.
[27] Korn, in Bunjes, § 14 UStG Rn. 14.

die Verpflichtung zur Rechnungsausstellung sowohl gegenüber Unternehmern als auch Nichtunternehmern.[28] Dies wird damit begründet, dass insbesondere bei haushaltsnahen Leistungen im Privatbereich die Gefahr von Schwarzarbeit hoch ist und dies durch die Verpflichtung zur Rechnungserstellung erschwert werden soll.[29]

Bei allen anderen Umsätzen wandelt sich die Berechtigung zur Rechnungsausstellung gemäß § 14 Abs. 2 Satz 1 Nr. 2 Satz 2 UStG zu einer Verpflichtung, sofern die Umsätze an andere Unternehmer (oder an juristische Personen, die nicht Unternehmer sind) erbracht werden.

Die Pflicht zur Rechnungserstellung besteht nicht nur für steuerpflichtige Umsätze, sondern auch für steuerfreie Umsätze gemäß § 4 Nr. 1 bis 7 UStG. Von der Ausstellungspflicht ausgenommen sind steuerfreie Umsätze gemäß § 4 Nr. 8 bis 28 UStG. Für diese steuerfreien Umsätze ist der Leistungserbringer aber weiterhin berechtigt Rechnungen auszustellen.

In allen Fällen der Verpflichtung sind die Rechnungen gemäß § 14 Abs. 2 Satz 1 Nr. 1 und 2 UStG mit einer Frist von 6 Monaten auszustellen.

3. Pflichtangaben

a) Pflichtangaben gemäß § 14 Abs. 4 UStG

Damit Rechnungen ordnungsgemäß sind, müssen sie bestimmte Pflichtangaben enthalten. Die Pflichtangaben sind auf Grundlage der Vorgaben in Artikel 226 MwStSystRL in § 14 Abs. 4 UStG umgesetzt worden. Der Rechnungsaussteller muss diese Pflichtangaben immer

---

[28] Korn, in Bunjes, § 14 UStG Rn. 19.
[29] BT-Drs. 15/2573, S. 33.

dann erfüllen, wenn er verpflichtet ist, eine Rechnung auszustellen.[30] Die Pflichtangaben sind zwingend einzuhalten, denn nur mit vollständigen und richtigen Angaben handelt es sich um eine ordnungsgemäße Rechnung, die zum Vorsteuerabzug berechtigt.[31] Die Pflichtangaben gemäß § 14 Abs. 4 Nr. 1 bis 9 UStG umfassen nach

- Nr. 1

den vollständigen Namen und die vollständige Anschrift des leistenden Unternehmers und des Leistungsempfängers. Der leistende Unternehmer ist derjenige, der im eigenen Namen die Leistung ausführt oder einen Dritten dazu beauftragt hat.[32] Der Name und die Anschrift sollen eine eindeutige und leicht nachprüfbare Feststellung des leistenden Unternehmers ermöglichen. Dies setzt nicht voraus, dass es sich um den richtigen Namen oder die richtige Anschrift handeln muss. Beispielsweise würde ein Firmenlogo ausreichen, wenn im Gegenzug der Firmenname nicht richtig geschrieben ist.[33] Bedeutsam ist, dass sich trotz des Fehlers bestimmen lässt, wer der leistende Unternehmer ist.[34] Bei dem Leistungsempfänger handelt es sich um die Person, die aus dem schuldrechtlichen Vertragsverhältnis berechtigt und verpflichtet ist. Der Name und die Anschrift des Leistungsempfängers sollen belegen, dass der in der Rechnung benannte Leistungsempfänger und derjenige, der den Vorsteuerabzug in Anspruch nimmt, dieselbe Person ist.[35]

- Nr. 2

die dem leistenden Unternehmer vom Finanzamt erteilte Steuernummer oder die ihm vom Bundeszentralamt für Steuern erteilte Umsatzsteuer-Identifikationsnummer (USt-IdNr.) Mit Hilfe der USt-

---

[30] Stadie, in Rau/Dürrwächter, § 14 UStG Rn. 280.
[31] UStAE 15.2 Abs. 2 Nr. 4.
[32] Wagner, in Wagner, § 14 UStG Rn. 216.
[33] Wagner, in Wagner, § 14 UStG Rn. 223.
[34] BFH Urt. v. 25. 2. 2005 - V B 190/03, BFH/NV 05, 1397.
[35] Wagner, in Wagner, § 14 UStG Rn. 231.

IdNr. soll die Überprüfung von Lieferketten erleichtert werden, um somit den Umsatzsteuerbetrug zu erschweren.[36]

- Nr. 3

das Ausstellungsdatum. Bei dem Ausstellungsdatum handelt es sich um das Rechnungsdatum.[37]

- Nr. 4

eine fortlaufende Nummer mit einer oder mehreren Zahlenreihen, die zur Identifizierung der Rechnung vom Rechnungsaussteller einmalig vergeben wird (Rechnungsnummer). Die einmalige Vergabe einer Rechnungsnummer soll sicherstellen, dass über einen Umsatz nur einmal abgerechnet wird.[38] Der Rechnungsaussteller kann sein Nummerierungssystem frei wählen. Er muss nur gewährleisten, dass auch jahresübergreifend die einmalige Nummernvergabe erfüllt wird.[39]

- Nr. 5

die Menge und die Art (handelsübliche Bezeichnung) der gelieferten Gegenstände oder den Umfang und die Art der sonstigen Leistung. Die Leistungsbeschreibung dient zum einen als Grundlage der Aufzeichnungspflicht und zum anderen als Kontrollmöglichkeit des Vorsteuerabzugs des Leistungsempfängers.[40] Die Leistungsbeschreibung sollte exakt und leicht nachprüfbar sein.[41] Dabei reicht es aus, wenn die Angaben tatsächlicher Art sind und sich daraus ergibt, dass steuerpflichtige Leistungen mit gesondertem Steuerausweis erbracht wurden. Kann eine Leistungsbeschreibung nicht unter zu-

---

[36] Matheis/Gensel, UVR 2011 335 (337)
[37] Wagner, in Wagner, § 14 UStG Rn. 265.
[38] Wagner, in Wagner, § 14 UStG Rn. 271.
[39] Wagner, in Wagner, § 14 UStG Rn. 274.
[40] Wagner, in Wagner, § 14 UStG Rn. 283.
[41] UStAE 14.5 Abs 15.

mutbarem Aufwand zugeordnet werden, ist die Rechnung nicht ordnungsgemäß und der Vorsteuerabzug wird versagt.[42]

- Nr. 6

den Zeitpunkt der Lieferung oder sonstigen Leistung oder wenn der
Unternehmer für eine noch nicht ausgeführte Leistung bereits Entgelt vereinnahmt, den Zeitpunkt der Vereinnahmung. Zusätzlich zu
dem Ausstellungsdatum ist die Angabe des Leistungsdatums erforderlich, selbst wenn das Ausstellungs- und Leistungsdatum iden-
tisch sind.[43]

- Nr. 7

das nach Steuersätzen und einzelnen Steuerbefreiungen aufge-
schlüsselte Entgelt für die Lieferung oder sonstige Leistung (§ 10
UStG) sowie jede im Voraus vereinbarte Minderung des Entgelts,
sofern sie nicht bereits im Entgelt berücksichtigt ist. Bei dem Entgelt
gemäß § 10 Abs. 1 Satz 2 UStG handelt es sich um alles, was der
Leistungsempfänger aufwendet, um die Leistung zu erhalten. Das
Entgelt gilt als Grundlage zur richtigen Steuerfestsetzung beim Leistenden und der Ermittlung des richtigen Vorsteuerabzugsbetrags
beim Leistungsempfänger.[44]

- Nr. 8

den anzuwendenden Steuersatz sowie den auf das Entgelt entfallenden Steuerbetrag oder im Fall einer Steuerbefreiung einen Hinweis hierauf, dass für die Lieferung oder sonstige Leistung eine
Steuerbefreiung gilt. Bei einer Steuerbefreiung sollte ein Hinweis auf
den Grund der Befreiung enthalten sein. Dieser Hinweis muss nicht
die entsprechende Vorschrift nach dem Umsatzsteuergesetz nen-

---

[42] Korn, in Bunjes, § 14 UStG Rn. 83.
[43] Sterzinger, NJW 2009, 1127 (1127).
[44] EuGH, Urt. v. 14. 7. 1988, Rs. 123, 330/87, Jeunehomme, UR 89, 380; Urt. v.
13. 12. 1989, Rs. C-342/87, Genius Holding, UR 91, 83.

nen, sondern lediglich einen Hinweis wie beispielsweise „Ausfuhr"
oder „innergemeinschaftliche Lieferung".[45]

- Nr. 9

einen Hinweis auf die Aufbewahrungspflicht des Leistungsempfängers, wenn Werklieferungen oder Umsätze im Zusammenhang mit
einem Grundstück getätigt wurden. Der Leistungsempfänger hat
diese Rechnungen 2 Jahre aufzubewahren, auch wenn der Leistungsempfänger Nichtunternehmer ist.[46] Die Aufbewahrungsfrist beginnt mit dem Schluss des Kalenderjahres, in dem die Rechnung
ausgestellt wurde.[47]

b)   Kleinbetragsrechnungen

Vereinfachungen gibt es bei den sogenannten Kleinbetragsrechnungen.
Dabei handelt es sich um Rechnungen, die bis zu einem Gesamtbetrag
von 150,- Euro ausgestellt sind. Der Gesamtbetrag umfasst das Entgelt
und den darauf entfallenden Steuerbetrag. Gemäß § 33 Satz 1 UStDV
reichen folgende Angaben aus:

- Der vollständige Name und die Anschrift des leistenden Unternehmers
- Das Ausstellungsdatum
- Die Menge und Bezeichnung der gelieferten Produkte oder Art
  und Umfang der erbrachten Dienstleistung
- Das Entgelt und der darauf entfallende Steuerbetrag für die Lieferung oder sonstige Leistung sowie der anzuwendende Steuersatz oder im Falle der Steuerbefreiung ein Hinweis darauf, dass
  für den Umsatz eine Steuerbefreiung gilt.

---

[45] Stadie, in Rau/Dürrwächter, § 14 UStG Rn. 470.
[46] Bathe, BC 2008, 146 (147).
[47] Stadie, in Rau/Dürrwächter, § 14 UStG Rn. 482.

Die Angabe des Empfängernamens, der Rechnungs- und Steuernummer sowie der separate Ausweis des Umsatzsteuerbetrages ist bei Rechnungen über Kleinbeträge somit entbehrlich.[48]

c)   **Zusätzliche Pflichten in besonderen Fällen gemäß § 14a UStG**

In besonderen Fällen sind zusätzlich zu den Pflichtangaben des § 14 Abs. 4 UStG die Bestimmungen des § 14a UStG bei der Rechnungserstellung zu berücksichtigen. Die Folgen sind entweder die Verpflichtung zur Rechnungsausstellung für Unternehmer, die sonst nicht zur Rechnungsausstellung verpflichtet wären oder die Verpflichtung, Rechnungen mit zusätzlicher Angabe der Umsatzsteuer-Identifikationsnummer des Leistenden und des Leistungsempfängers auszustellen.

Bei den besonderen Fällen handelt es sich um die Rechnungsausstellung,

- für Leistungen gemäß § 14a Abs. 1 UStG

  Führt ein ausländischer Unternehmer eine sonstige Leistung nach § 3a Abs. 2 UStG im Inland aus und wird dadurch der Leistungsempfänger der Steuerschuldner für die in Deutschland entstehende Umsatzsteuer nach § 13b UStG, muss der leistende Unternehmer eine Rechnung ausstellen, in der er seine USt-IdNr. und die USt-IdNr. des Leistungsempfängers mit angibt. Hierbei handelt es sich um das Reverse-Charge Verfahren. Infolgedessen schuldet nicht der ausländische liefernde Unternehmer die Umsatzsteuer, sondern der im Inland ansässige Leistungsempfänger.[49] Diese Umkehr der Steuerschuld soll die Abführung der Umsatzsteuer an die Finanzverwal-

---

[48] Sterzinger, NJW 2009, 1127 (1127).
[49] Heger, BC 2012, 81 (82).

tung gewährleisten und bei Verzögerungen einen unkomplizierteren Zugriff auf den inländischen Steuerschuldner ermöglichen.

- für Lieferungen gemäß § 14a Abs. 2 UStG

Führt der Unternehmer eine Lieferung im Sinne des § 3c im Inland aus, ist er zur Ausstellung einer Rechnung mit gesondertem Ausweis der deutschen Umsatzsteuer verpflichtet. Bei diesen Lieferungen, auch Versandhandelsumsätze genannt, handelt es sich um solche, die ein ausländischer Unternehmer im Inland tätigt und die im Inland steuerbar und steuerpflichtig sind. Dabei ist es irrelevant, ob der Unternehmer an einen anderen Unternehmer oder einen Nichtunternehmer liefert.[50]

- für innergemeinschaftliche Lieferungen gemäß § 14a Abs. 3 Satz 1 UStG

Erbringt der Unternehmer steuerfreie innergemeinschaftliche Lieferungen nach § 6a UStG im Umsatzsteuer-Binnenmarkt, hat er in der Rechnung seine USt-IdNr. sowie die USt-IdNr. des Leistungsempfängers mit aufzunehmen. Dabei kommt dem Nachweis der richtigen USt-IdNr. des Leistungsempfängers für die Steuerfreiheit einer innergemeinschaftlichen Lieferung erhebliche Bedeutung zu, da der Leistungsempfänger die Rechnung mit dem Hinweis zur Steuerbefreiung benötigt, um in seinem Land den Vorsteuerabzug geltend zu machen.[51]

- für innergemeinschaftliche Lieferungen von Neufahrzeugen gemäß § 14a Abs. 4 UStG

---

[50] Wagner, in Wagner, § 14a UStG Rn. 21.
[51] Wagner, in Wagner, § 14a UStG Rn. 34.

Bei einer Lieferung eines neuen Fahrzeugs nach § 1b Abs. 2 und Abs. 3 UStG müssen in der Rechnung die relevanten Angaben für das neue Fahrzeug mit enthalten sein. Dies sind beispielsweise Angaben über die Fahrzeugart und die Inbetriebnahme, anhand derer eine Prüfung erfolgt, ob es sich um ein Neufahrzeug handelt.[52]

- wenn gemäß § 14a Abs. 5 UStG der Leistungsempfänger Steuerschuldner ist

Der leistende Unternehmer führt eine Leistung aus, für die der Leistungsempfänger zum Steuerschuldner nach § 13b UStG wird. In dem Fall ist in der Rechnung auf das Steuerschuldnerverfahren hinzuweisen, darüber hinaus darf die Umsatzsteuer nicht gesondert ausgewiesen werden.

- bei Rechnungen über Reiseleistungen und bei Differenzbesteuerung gemäß § 14a Abs. 6 UStG

Erbringt der Unternehmer Reiseleistungen oder eine Leistung, die der Differenzbesteuerung unterliegt, hat er in seiner Rechnung auf diese Sonderform der Besteuerung hinzuweisen. Die Umsatzsteuer darf in der Rechnung nicht ausgewiesen werden.[53]

- bei Rechnungen bei innergemeinschaftlichen Dreiecksgeschäften gemäß § 14a Abs. 7 UStG

Ist ein Unternehmer mittlerer Unternehmer (erster Abnehmer) in einem innergemeinschaftlichen Reihengeschäft nach § 25b UStG, hat er auf das Vorliegen des innergemeinschaftlichen Reihengeschäfts hinzuweisen und die USt-IdNr. des Leistungsempfängers und seine

---

[52] BFH Urt. v. 28.9.2006 - V R 65/03, BFH/NV 07, 368 = BStBl II 07, 672.
[53] Wagner, in Wagner, § 14 UStG Rn. 45.

eigene USt-IdNr. mit aufzunehmen. Die Steuer darf in der Rechnung nicht ausgewiesen werden.

IV. Form der Übermittlung

Bei der Übermittlung handelt es sich um die Transportform der Abrechnungsdaten.[54] Rechnungen können gemäß § 14 Abs. 1 Satz 2 UStG in Papierform oder vorbehaltlich der Zustimmung des Empfängers elektronisch übermittelt werden. Weitere Formen der Übermittlung sind nicht zulässig. Die Folge der Übermittlung ist, dass die Rechnung dem Leistungsempfänger zugeht und dieser Besitzer der Rechnung wird.

C. Elektronische Rechnung

I. Rechtsentwicklung

Zum 1. Januar 2002 hat das Steueränderungsgesetz (StÄndG) 2001 die elektronische Rechnung eingeführt. Durch die Umsetzung des Artikel 15 des StÄndG konnten Unternehmer seitdem Rechnungen elektronisch versenden und empfangen. Dabei musste die elektronische Rechnung mit einer qualifizierten elektronischen Signatur oder einer elektronischen Signatur mit Anbieter-Akkreditierung nach § 15 Abs. 1 des Signaturgesetzes (SigG) versendet werden.

Diese Neuregelung hatte nur vorübergehende Bedeutung. Am 20.12.2001 verabschiedete der Rat der EG die Richtlinie 2001/115/EG (Rechnungsrichtlinie) zur Änderung der Richtlinie 77/388/EWG (6. Richtlinie) des Rates vom 17. Mai 1977. Ziel dieser umfassenden Änderung sollte eine Vereinfachung, Modernisierung und Harmonisierung der Anforderungen der einzelnen europäischen Umsatzsteuersysteme

---

[54] Wagner, in Wagner, § 14 UStG Rn. 52.

an die Rechnungsstellung sein.[55] Diese EU-weite Anpassung ist in Deutschland im Rahmen der Art. 5 und 6 des Zweiten Gesetzes zur Änderung steuerlicher Vorschriften in das Umsatzsteuergesetz eingefügt worden und zum 1.1.2004 in Kraft getreten.[56] Zusätzlich zu der elektronischen Übermittlung mit einer qualifizierten elektronischen Signatur musste die Übertragung per elektronischen Datenaustausch (EDI) zugelassen werden. Elektronisch übermittelte Rechnungen mussten gemäß § 14 Abs. 3 UStG a.F. die Echtheit des Originals und die Vollständigkeit der Rechnung gewährleisten. Dies sollte grundsätzlich durch die im Gesetz vorgeschriebenen Verfahren durch Anwendung einer qualifizierten elektronischen Signatur oder durch Datenaustausch mittels EDI garantiert werden.[57]

Die Richtlinie[58] vom 13.7.2010 führt umfangreiche Änderungen zur Erleichterung der elektronischen Rechnung ein. Diese Änderungen sind gemäß Artikel 2 RL 2010/45/EU in allen Mitgliedstaaten bis 2013 umzusetzen. In Deutschland sind diese im Rahmen des Steuervereinfachungsgesetzes 2011 durch Artikel 5 Nr. 1 umgesetzt worden. Die Neuregelungen zur elektronischen Rechnung gemäß § 14 UStG traten rückwirkend zum 1.7.2011 in Kraft.[59] Wesentliche Änderungen erfolgten in § 14 Abs. 1 und 3 UStG. Darin sind erstmalig eine Definition von elektronischen Rechnungen, sowie die auch schon in der EU-Richtlinie geforderte Gleichsetzung von Papierrechnungen und elektronischen Rechnungen aufgenommen worden. Weiterhin wurden die Möglichkeiten des Unternehmers, die Echtheit der Herkunft der Rechnung, die Unversehrtheit ihres Inhalts und ihre Lesbarkeit zu gewährleisten, erweitert.[60]

---

[55] Wagner, in Wagner, § 14 UStG Rn. 5.
[56] BMF v. 29.1.2004, BStBl I 2004, 258.
[57] Groß/Lamm, BC 2009, 514 (514).
[58] RL 2010/45/EU des Rates Änderung zu den Rechnungsstellungsvorschriften vom 13.7.2010, ABl. EU 2010/45/EU.
[59] BGBl. I 2011, 2131.
[60] Widmann/Küffner, S. 65.

Der Unternehmer kann das Verfahren selber festlegen, mit dem er diese Vorgaben erfüllt, wodurch die qualifizierte elektronische Signatur oder der elektronische Datenaustausch (EDI) nicht mehr zwingend sind.[61]

Vor dem Hintergrund der Gleichbehandlung gelten nunmehr die neuen Regelungen zur Kontrolle der Echtheit der Herkunft und der Sicherheit der Identität für elektronische Rechnungen auch für die Papierrechnungen. Diskutiert wird, ob für Papierrechnungen erhöhte oder neue Anforderungen bestehen. Dies wird jedoch verneint, da offensichtlich ist, dass die Voraussetzungen in § 14 Abs. 1 UStG für Papierrechnungen nicht in gleicher technischer Form erfüllt werden können wie für elektronische Rechnungen und umgekehrt.[62]

II. Verfahren zur Übermittlung von elektronischen Rechnungen

Eine elektronische Rechnung ist eine Rechnung, die gemäß § 14 Abs. 1 S. 8 UStG in einem elektronischen Format ausgestellt und empfangen wird. Dazu zählt der Rechnungsversand per E-Mail (ggf. mit Bilddatei- oder Textdokumentenanhang), per De-Mail, per Computer-Fax, per Faxserver, per Web-Download, per EDI oder auf jede andere elektronische Art.[63] Zu den klassischen Rechnungen in Papierform zählt die Übertragung mittels Postversand oder per Standard-Telefax-Geräte.[64]

Weiterhin muss der Rechnungsempfänger einer elektronischen Übermittlung zustimmen. Diese Zustimmung kann er uneingeschränkt für alle zukünftigen Vorgänge, gesondert für jedes einzelne Geschäft oder konkludent erteilen.[65] Eine weitere Möglichkeit ist, dass der Rech-

---

[61] Korn, GWR 2012, 326598.
[62] Widmann/Küffner, S. 65.
[63] Löser/ Ahrens BC 2010, 157.
[64] Kurz, S. 349.
[65] Tappen/Mehrkhah, SteuK 2011, 423 (423).

nungsempfänger in seinen allgemeinen Geschäftsbedingungen dem elektronischen Empfang zustimmt.[66]

Werden mehrere elektronische Rechnungen gemäß Artikel 236 MwStSystRL gebündelt ein und demselben Rechnungsempfänger übermittelt oder für diesen bereitgehalten, ist es zulässig, Angaben, die allen Rechnungen gemeinsam sind, nur ein einziges Mal aufzuführen, sofern für jede Rechnung die kompletten Angaben zugänglich sind.

Mit den Neuregelungen durch das Jahressteuergesetz 2011 ist bei der Übermittlung elektronischer Rechnungen kein besonderes Verfahren mehr vorgegeben.[67] Jedoch ist gemäß § 14 Abs. 1 UStG die Echtheit der Herkunft der Rechnung, die Unversehrtheit ihres Inhalts und ihre Lesbarkeit zu gewährleisten. Echtheit der Herkunft bedeutet die Sicherheit der Identität des Rechnungsausstellers. Unversehrtheit des Inhalts bedeutet, dass die nach diesem Gesetz erforderlichen Angaben nicht geändert wurden. Dies hat der Unternehmer durch ein geeignetes Verfahren sicherzustellen. Grundsätzlich geeignet und somit ausreichend ist gemäß § 14 Abs. 1 Satz 6 UStG ein innerbetriebliches Kontrollverfahren, durch das die Anforderungen an eine Rechnung überprüft werden können. Des Weiteren sind im Gesetz gemäß § 14 Abs. 3 UStG als anwendbare Verfahren namentlich die Übertragung per EDI-Verfahren oder mit qualifizierter elektronischer Signatur genannt. Diese Verfahren sollen insbesondere im internationalen Geschäftsverkehr den Unternehmern Rechtssicherheit bieten.[68] Dabei handelt es sich nicht um eine abschließende Aufzählung, sodass auch andere geeignete Verfahren angewendet werden können.[69]

Es ist nicht auszuschließen, dass sich die Durchführung des Kontrollverfahrens und die Voraussetzungen des Vorsteuerabzugs in Teilen in

---

[66] Schumm, StuB 2012, 187 (189).
[67] Tappen/Mehrkhah, SteuK 2011, 423 (423).
[68] Huschens, NWB 2011, 3438 (3439).
[69] Groß/Lamm, BC 2011, 244 (245).

der Praxis überschneiden.[70] Sind aber die Voraussetzungen des Vorsteuerabzugs nach § 15 UStG gegeben, Unternehmer im Sinne des Gesetzes und das Vorliegen einer ordnungsgemäßen Rechnung, erfüllt, kommt der Frage der Durchführung eines Kontrollverfahrens in dem konkreten Einzelfall keine eigenständige Bedeutung mehr zu und kann nicht Grund für ein Versagen des Vorsteuerabzugs sein.[71]

1. Innerbetriebliches Kontrollverfahren

a) Zweck des innerbetrieblichen Kontrollverfahrens

Der Unternehmer kann die Anforderungen des § 14 Abs. 1 UStG durch innerbetriebliche Kontrollverfahren (IKV) erfüllen, sofern sie einen verlässlichen Prüfpfad zwischen der Rechnung und der Leistung herstellen können.

IKV gemäß § 14 Abs. 1 UStG sind Vorgänge, bei denen der Unternehmer seine Rechnungen mit den Zahlungsverpflichtungen abstimmt. Die Auswahl des Verfahrens ist dem Unternehmer überlassen. Jedoch sollte im Rahmen des Verfahrens insbesondere überprüft werden, ob die Rechnung in der Substanz korrekt ist.[72]

Durch das IKV sollen weder die materiell-rechtlichen Voraussetzungen für den Vorsteuerabzug gemäß § 15 UStG überprüft, noch garantiert werden, dass die Rechnung inhaltlich ordnungsgemäß ist und den erforderlichen Rechnungsangaben gemäß § 14 Abs. 4, 14a UStG entspricht.[73] Der Zweck der IKV ist ausschließlich die Sicherstellung der richtigen Übermittlung der Rechnung. Die Vermutung einer inhaltlich richtigen Rechnung wird durch eine fehlerlose Übermittlung belegt,

---

[70] Radeisen, DB 2012, M8.
[71] BMF-E S. 3.
[72] BMF-E S. 3.
[73] tom Suden, BC 2012, 148 (151).

wenn keine Anzeichen auf Änderung der Angaben bezüglich der Herkunft und der Unversehrtheit gegeben sind. Eine Rechnung ist inhaltlich richtig, wenn sie Angaben über die richtige Leistung, den richtigen Leistenden, das richtige Entgelt und den richtigen Leistungsempfänger enthält.[74]

b) Entwurf des Bundesministeriums für Finanzen

Die Finanzverwaltung hat mit Schreiben des BMF in seinem Entwurf zur "Vereinfachung der elektronischen Rechnungsstellung zum 1. Juli 2011 durch das Steuervereinfachungsgesetz 2011" Stellung genommen. In dem Schreiben wird dargelegt was die Finanzverwaltung unter einem IKV versteht. Zulässig sind danach alle denkbaren technischen und organisatorischen Maßnahmen.[75]

Damit ist gemeint, ob die in Rechnung gestellte Leistung tatsächlich und in der Form qualitativ und mengenmäßig geleistet wurde. Des Weiteren sollte geprüft werden, ob der Rechnungsaussteller tatsächlich der Anspruchsberechtigte der Zahlung ist und die vom Rechnungsaussteller angegebene Kontoverbindung richtig ist. Somit kann der Rechnungsempfänger sicherstellen, dass er nur die Rechnungen bezahlt, zu deren Begleichung er verpflichtet ist.[76]

Die Durchführung des IKV kann im Rahmen eines entsprechend eingerichteten Rechnungswesens erfolgen. Eine weitere Möglichkeit besteht durch manuellen Abgleich der Rechnung mit vorhandenen Geschäftsunterlagen. Zum Abgleich sind beispielsweise eine Kopie der Bestellung, der Auftrag, der Zahlungsbeleg, der Kaufvertrag oder der Liefer-

---

[74] BMF-E S. 2.
[75] UStAE-E 14.4 Abs. 5 Sätze 2 und 3.
[76] BMF-E S. 3.

schein geeignet.[77] Für das IKV ist keine besondere Dokumentations-
pflicht vorgeschrieben.[78]

Der Frage der Durchführung des IKV kommt in dem konkreten Einzelfall
keine eigenständige Bedeutung mehr zu und kann insbesondere nicht
mehr zur Versagung des Vorsteuerabzugs führen.[79] Diese Ergebnisse
sollen im Umsatzsteueranwendungerlass berücksichtigt werden, der in
Kürze im Bundessteuerblatt Teil I veröffentlicht werden soll.[80]

c)   **Literaturmeinung**

Die bisherigen Reaktionen der Verbände und der Literatur auf den Entwurf des BMF haben die Voraussetzungen konkretisiert und weitere
Fragen aufgeworfen.

Die Bundessteuerberaterkammer hat in ihrer Stellungnahme[81] zum
BMF-Entwurf darauf hingewiesen, dass bei Gutschriften unklar ist, wer
zur Durchführung des IKV´s verpflichtet sein soll. Es heißt zwar in
UStAE-E 14.4 Abs. 10, dass UStAE-E 14.4 Abs. 1 – 9 auch für Gutschriften gilt, dennoch sollte geklärt werden, ob der Gutschriftsaussteller (Leistungsempfänger) oder der Gutschriftsempfänger (Leistende)
zur Durchführung des IKV verpflichtet ist. Der Systematik der Durchführung eines IKV´s zur Folge, sollte der Gutschriftsaussteller (Leistungsempfänger) das IKV durchführen. Dies widerspräche allerdings dem
allgemeinen Gedanken eines Kontrollverfahrens, da eine Prüfung der
Abrechnung durch ihren Aussteller widersinnig sei. Zudem würde eine
Prüfung der Rechnung durch den anderen Teilnehmer der Transaktion
vollständig unterbleiben.

---

[77] BMF-E S. 3.
[78] BMF-E S. 2.
[79] BMF-E S. 2.
[80] BMF-E S. 11.
[81] BStBK, Stellungnahme.

Deshalb hat die Bundessteuerberaterkammer in ihrer Stellungnahme vorgeschlagen, dass der Gutschriftsempfänger als Leistender das IKV durchführen sollte. Der Leistende, ist derjenige, der bei einer Gutschrift überprüfen kann, ob die Gutschrift korrekt übermittelt wurde und ob der richtige Inhalt vorliegt.

Groß/Lamm[82] haben eine Checkliste erstellt, an der sich Unternehmer orientieren können. Diese umfasst laut Groß/Lamm die Mindestanforderungen, die in ihrer Gesamtheit die Einhaltung der Authentizität und Integrität gewährleisten können. Folgende individuell anpassbare Prüfschritte kann ein Unternehmer hiernach bei der Rechnungsüberprüfung vornehmen:[83]

- Ist der Aussteller der Rechnung (mithin der Erbringer der Leistung) bekannt?

- Wurden von diesem Rechnungsaussteller Lieferungen oder Leistungen bestellt und bezogen, und wird somit eine Rechnung erwartet?

- Sind sämtliche Angaben auf der Rechnung (Insbesondere USt-ID-Nummer/Steuernummer, Anschriften, Firmierung, Bankverbindung) korrekt? Können diese Daten fehlerfrei gegen die eigene Stammdatenbank abgeglichen werden?

- Wurde die ausgewiesene Lieferung/Leistung in korrekter Art, Menge und Preis ausgeführt? Lässt sich das mit Lieferscheinen, Wareneingangsbescheinigungen bzw. -daten abgleichen?

- Sind alle gesetzlich geforderten Pflichtangaben auf der Rechnung enthalten?

---

[82] Groß/Lamm, BC 2011, 244 ff.
[83] Groß/Lamm, BC 2011, 244 (245).

- Ist die Rechnung rechnerisch korrekt?

Die Authentizität lässt sich mit den Fragen, die auf die Identität des Rechnungsausstellers abstellen überprüfen, während die weiteren Fragestellungen auf die Unversehrtheit des Inhalts abstellen. Der verlässliche Prüfpfad kann durch Abgleich der Rechnung mit der Bestellung/dem Auftrag/dem Vertrag und dem Lieferschein überprüft werden.[84] Folglich wird mit dem innerbetrieblichen Kontrollverfahren lediglich festgestellt, dass die Rechnung weder gefälscht, verfälscht oder auf eine andere Art und Weise verändert wurde und somit der erbrachten Leistung entspricht.[85]

d) Stellungnahme

Die freie Wahl des innerbetrieblichen Kontrollverfahrens ist grundsätzlich zu begrüßen. Insbesondere gehen damit Erleichterungen für die Unternehmen einher. Jedoch ist die Gefahr speziell in der Anfangszeit nicht zu unterschätzen, dass das Finanzamt bei einer Steuerprüfung zu dem Schluss kommt, dass das innerbetriebliche Kontrollverfahren nicht ausreichend gewesen ist. Die Folge für die betroffenen Unternehmer könnte die Versagung des Vorsteuerabzugs sein. Sollte der BMF-Entwurf in seiner Fassung veröffentlicht werden, würde dem Vorsteuerabzug die Durchführung eines IKV nicht entgegenstehen, wenn die Voraussetzungen nach § 15 UStG gegeben sind.

---

[84] vgl. IV D 2 – S 7287-a/09/10004, Frage-Antwort-Katalog, Frage „Was ist ein verlässlicher Prüfpfad im Sinne des § USTG § 14 Abs. USTG § 14 Absatz 1 UStG?
[85] tom Suden, BC 2012, 148 (151).

2.   Elektronischer Datenaustausch

Im Gesetz ist als weiteres anerkanntes Verfahren gemäß § 14 Abs. 3 Satz 1 Nr. 2 UStG der elektronische Datenaustausch[86] (EDI) genannt.

EDI ist der elektronische Datenaustausch zwischen zwei Unternehmen. Voraussetzung zur Anwendung des EDI-Verfahrens bei Rechnungen ist eine Vereinbarung zwischen den beteiligten Unternehmern. In dieser Vereinbarung zwischen dem Rechnungsaussteller und dem Rechnungsempfänger ist der Einsatz von dem EDI-Verfahren zu regeln.[87]

Bei Nutzung des EDI-Verfahrens, soll ebenfalls die Unversehrtheit der Daten und die Echtheit der Herkunft durch das Übertragungsverfahren sichergestellt sein.[88] Dazu müssen bei dem Empfänger und dem Sender gleiche Grundlagen und Strukturen geschaffen werden, die einen problemlosen Ablauf ermöglichen. Das EDI-Verfahren basiert auf der Verwendung strukturierter und verschlüsselter Nachrichten, deren Hauptmerkmal die automatische Verarbeitung durch Computer und die eindeutige Übertragung ist.[89]

Der Vorteil des EDI Verfahrens sind die automatisierten Abläufe in Verbindung mit einer geringen Fehlerquote. Der Informationsfluss zwischen den Unternehmen ist präzise und schnell. Von Nachteil sind bei der Nutzung des EDI –Verfahrens der Kostenaufwand für notwendige Hardwareinvestitionen, der Zeitaufwand, der für Absprachen über die Einführung und den Ablauf von EDI-Verfahren aufgewendet wird sowie der Aufwand, mit jedem Handelspartner eine separate Vereinbarung zu schließen. Deshalb sollten nur Unternehmen, die ein hohes Austausch-

---

[86] EDI nach Artikel 2 der Empfehlung 94/820/EG der Kommission vom 19. Oktober 1994 über die rechtlichen Aspekte des elektronischen Datenaustausches (Abl. L 338 vom 28.12.19994, S. 98)
[87] UStAE 14.4 Abs. 4.
[88] Crantz, BC 2010, 168 (170).
[89] Thome/Schinzer, S. 181 - 182.

volumen mit ihrem Geschäftspartner erwarten, das EDI-Verfahren einführen.[90]

3. Elektronische Signatur

Die Rahmenbedingungen für elektronische Signaturen sind im Signaturgesetz (SigG) geregelt. Bei elektronischen Signaturen handelt es sich gemäß § 2 Nr. 1 SigG um Daten in elektronischer Form, die anderen elektronischen Daten beigefügt oder logisch mit ihnen verknüpft sind und die zur Authentifizierung dienen. Es muss zwischen einfachen und qualifizierten elektronischen Signaturen unterschieden werden.

a) Einfache elektronische Signatur

Bereits das Anfügen einer Rechnung an eine E-Mail, als Word-Datei oder PDF-Datei ist eine einfache elektronische Signatur. Dabei erfolgt jedoch keine Überprüfung der Echtheit der Herkunft und der Unversehrtheit der übermittelten Rechnung.[91] Deshalb ist eine einfache Signatur als Verfahren gemäß § 14 Abs. 3 Satz 1 Nr. 1 UStG nicht geeignet.[92] Zulässig sind demnach nur eine qualifizierte elektronische Signatur oder eine qualifizierte elektronische Signatur mit Anbieter-Akkreditierung nach dem Signaturgesetz.

---

[90] Thome/Schinzer, S. 182 - 183.
[91] Crantz, BC 2010, 168 (168).
[92] Brisch, in Hoeren/Sieber, Teil 13.3 Rn. 17.

b) Qualifizierte elektronische Signatur

Eine qualifizierte elektronische Signatur ist einer gewöhnlichen Unterschrift im Rechtsverkehr gleichgesetzt.[93] Die qualifizierte elektronische Signatur ist in § 2 Nr. 3 SigG definiert.

Eine qualifizierte elektronische Signatur ist eine elektronische Signatur gemäß § 2 Nr. 1 SigG, die

- ausschließlich dem Signaturschlüssel-Inhaber zugeordnet ist,
- Identifizierung des Signaturschlüssel-Inhabers ermöglicht,
- mit Mitteln erzeugt wird, die der Signaturschlüssel-Inhaber unter seiner alleinigen Kontrolle halten kann,
- auf einem zum Zeitpunkt ihrer Erzeugung gültigen qualifizierten Zertifikat beruht und
- mit einer sicheren Signaturerstellungseinheit erzeugt wird.

Qualifizierte Zertifikate sind Zertifikate, die gemäß § 2 Nr. 7 SigG elektronische Bescheinigungen sind, mit denen Signaturprüfschlüssel einer Person zugeordnet werden und die Identität dieser Person bestätigen. Das qualifizierte Zertifikat wird von einem Zertifizierungsdienstanbieter ausgestellt.[94] Mit der Einschaltung eines neutralen Dritten und dessen Bescheinigung soll eine eindeutige Zuordnung von dem Signaturprüfschlüssel zu der Person gewährleistet werden.[95]

Eine Aufgabe der Zertifizierungsdienstanbieter ist die Identifikation der Teilnehmer.[96] Deshalb wird ein dem Zertifikat zugrundeliegender Signaturschlüssel auf einer sicheren Signaturerstellungseinheit, beispielsweise einer Smart Card, erstellt.[97] Eine sichere Signaturerstellungseinheit

---

[93] Roßnagel, BB 2007 1233 (1235).
[94] Kindl, MittBayNot 1999, 29 (33).
[95] Kindl, MittBayNot 1999, 29 (32).
[96] Roßnagel, Fischer-Dieskau, MMR 2004 133 (135).
[97] Crantz, BC 2010, 168 (169).

ist gemäß § 2 Nr. 10 SigG eine Software- oder Hardwareeinheit zur Speicherung und Anwendung des jeweiligen Signaturschlüssels, die den Anforderungen des Signaturgesetzes entspricht und die für qualifizierte elektronische Signaturen bestimmt ist. Dabei handelt es sich um nicht auslesbare Chips, die über ein Kartenlesegerät mit dem Computer verbunden werden und durch ein persönliches Identifikationsmerkmal geschützt sind.[98]

Des Weiteren müssen die Zertifizierungsdienstanbieter ein jederzeit für jeden zugängliches, öffentliches Verzeichnis führen, in dem sowohl gesperrte Zertifikate wie auch gültig vergebene Zertifikate aufgeführt sind.[99] Ziel der Veröffentlichung in einem allgemein zugänglichen Verzeichnis ist, Dritten eine Überprüfung der Gültigkeit von Zertifikaten zu ermöglichen.

Inhaltlich müssen qualifizierte Zertifikate die Angaben, die gemäß § 7 Abs. 1 SigG gefordert werden, enthalten. Die qualifizierten Zertifikate müssen beispielsweise eine qualifizierte elektronische Signatur tragen, den Namen des Signaturschlüssel-Inhabers, den zugeordneten Signaturprüfschlüssel, Beginn und Ende der Gültigkeit des Zertifikates, den Namen des Zertifizierungsdiensteanbieters und des Staates, in dem er niedergelassen ist, enthalten.

Der Zertifizierungsdienstanbieter ist gegenüber dem Finanzamt gemäß § 14 Abs. 2 SigG zur Auskunft verpflichtet, soweit dies zur Erfüllung der gesetzlichen Aufgaben erforderlich ist.

Der Empfänger einer Rechnung mit einer qualifizierten elektronischen Signatur erhält einen Prüfschlüssel, mit dem er überprüfen kann, von

---

[98] Roßnagel, MMR 2006 441 (445).
[99] Gramlich, in Spindler/Schuster, SigG, § 5 Rn. 6.

welchem Versender die Rechnung stammt und ob die Rechnung während des Versendens verändert wurde.[100]

c) Qualifizierte elektronische Signatur mit Anbieterakkreditierung

Die Zertifizierungsdienstanbieter können sich gemäß § 15 Abs. 1 SigG auf Antrag von der zuständigen Behörde akkreditieren lassen. Dabei kann sich die zuständige Behörde bei der Akkreditierung privater Stellen bedienen.[101] Die Akkreditierung ist zu erteilen, wenn der Zertifizierungsdiensteanbieter nachweist, dass die Vorschriften nach dem Signaturgesetz erfüllt sind. Akkreditierte Zertifizierungsdiensteanbieter erhalten ein Gütezeichen der zuständigen Behörde. Mit diesem wird der Nachweis der umfassend geprüften technischen und administrativen Sicherheit für die auf ihren qualifizierten Zertifikaten beruhenden qualifizierten elektronischen Signaturen (qualifizierte elektronische Signaturen mit Anbieter-Akkreditierung) zum Ausdruck gebracht. Sie dürfen sich als akkreditierte Zertifizierungsdiensteanbieter bezeichnen und sich im Rechts- und Geschäftsverkehr auf die nachgewiesene Sicherheit berufen. Ein akkreditierter Zertifizierungsdienstanbieter wird regelmäßig durch die Bundesnetzagentur kontrolliert. Der Vorteil der qualifizierten elektronischen Signatur mit Anbieterakkreditierung gegenüber der ohne Anbieterakkreditierung liegt in der höheren Sicherheit.[102]

III. Unrichtiger oder unberechtigter Steuerausweis

Die in einer Rechnung unrichtig oder unberechtigt ausgewiesene Umsatzsteuer, wird gemäß § 14c UStG geschuldet, auch wenn diese tatsächlich nicht geschuldet wird. Dabei kann es sich um Scheinrechnun-

---

[100] Einsele, in Säcker/Rixecker Bd. 1, BGB, § 126a Rn. 10.
[101] Brisch, in Hoeren/Sieber, Teil 13.3 Rn. 77.
[102] Brisch, in Hoeren/Sieber, Teil 13.3 Rn. 77.

gen, um Rechnungen über eine nicht steuerbare oder steuerfreie Lieferung oder um eine zu hoch ausgewiesene Umsatzsteuer handeln.[103]
Für die Anwendung der Vorschrift muss es sich nicht um eine ordnungsgemäße Rechnung gemäß §§ 14, 14a UStG handeln.[104] Die
Verwaltungsauffassung vertritt die Meinung, dass die Rechtsfolgen der
§§ 14c Abs. 1 und 2 UStG bereits eintreten, wenn das Abrechnungsdokument Angaben über den Rechnungsaussteller, das Nettoentgelt
und des Steuerbetrags enthält.[105] Dem hat sich der BFH angeschlossen
und entschieden, dass § 14c UStG auf den Steuerausweis in einer
Rechnung abstellt, ohne den Rechnungsbegriff zu definieren oder auf
diesen zu verweisen.[106] Dieses Urteil bezieht sich nur auf Sachverhalte
bei denen die Dokumente bis 31.12.2006 ausgestellt wurden. Für Dokumente nach dem 31.12.2006, die nicht alle erforderlichen Rechnungsangaben enthalten, ist das Urteil nicht anzuwenden, da Artikel
203 MwStSystRL eine vollständige Rechnung verlangt.[107]

Es wird zwischen dem unrichtigen und dem unberechtigten Steuerausweis unterschieden.

1.   Unrichtiger Steuerausweis

Unter die Fälle des unrichtigen Steuerausweises gemäß § 14c Abs. 1
UStG, fallen Unternehmer, die berechtigt sind Rechnungen auszustellen, aber einen höheren Steuerbetrag als tatsächlich geschuldet, gesondert ausgewiesen haben. Ein zu hoher Steuerausweis liegt auch
vor, wenn Umsatzsteuer für nicht steuerbare oder für steuerfreie Umsätze gesondert ausgewiesen wird.[108] Die ausgewiesene Umsatzsteuer
entsteht gemäß § 13 Abs. 1 Nr. 3 UStG in dem Zeitpunkt, in dem die

---

[103] Kurz, S. 416.
[104] Kurz, S. 418.
[105] UStAE 14c.2 Abs. 1 Sätze 3 und 4.
[106] BFH Urt. v. 17.02.2011- V R 39/09, BStBl. II 2011, 734.
[107] Korf, UVR 2012, 109 (111).
[108] Wagner, in Wagner, § 14c UStG Rn. 16

regulär geschuldete Steuer entsteht, spätestens jedoch mit der Ausgabe der Rechnung an den Leistungsempfänger.[109]

Der Rechnungsaussteller kann gegenüber dem Leistungsempfänger die Rechnung berichtigen und somit die Umsatzsteuerschuld beseitigen. Gemäß § 14c UStG kann der Steuerbetrag nach § 17 Abs. 1 UStG berichtigt werden. Der Rechnungsaussteller muss den geschuldeten Steuerbetrag und der Leistungsempfänger den in Anspruch genommenen Vorsteuerbetrag gegenüber dem Finanzamt entsprechend berichtigen.

Die Berichtigung durch den Rechnungsaussteller und den Leistungsempfänger wirkt im Besteuerungszeitraum der Berichtigung durch tatsächliche Rückzahlung.[110]

Durch die Nutzung elektronischer Rechnungen können Unternehmer schnell Haftungsprobleme aufgrund eines unrichtigen Steuerausweises nach § 14c UStG bekommen. Diese Gefahr ist auch von der Bundessteuerberaterkammer erkannt worden, die in ihrer Stellungnahme dazu ausführt, dass bei der elektronischen Rechnungsstellung ein höheres Risiko besteht, Rechnungen doppelt auszustellen.[111] Ein unrichtiger Steuerausweis liegt auch dann vor, wenn eine Rechnung mehrfach in Umlauf gebracht wird. Dies kann dazu führen, dass der Rechnungsaussteller gemäß § 14c UStG die Umsatzsteuer doppelt schuldet.

Dabei könnte es sich um den Fall handeln, dass ein Unternehmer eine elektronische Rechnung an den Rechnungsempfänger übermittelt und zusätzlich zur Sicherheit etwas später eine Papierrechnung versendet. Als weitere Gefahrenquellen nennt die Bundesteuerberaterkammer, dass

---

[109] Kurz, S. 417.
[110] BFH Urt. v. 28. 5. 2009 - V R 2/08, BStBl. II 09, 870.
[111] Stellungnahme der Bundessteuerberaterkammer, NWB 2012 Seite 883 - 884.

- die Rechnung in einem Web-Portal bereitgestellt wird und der Leistungsempfänger sich diese mehrfach herunterlädt,

- die Rechnung doppelt übertragen wird, da der Leistungsempfänger diese ein zweites Mal anfordert,

- die Rechnung als strukturierter Datensatz für die Buchhaltung und zusätzlich per E-Mail mit PDF-Anhang übermittelt wird.

So könnten leicht mehrere Rechnungen in Umlauf gelangen mit der Folge, dass der Rechnungsaussteller die Umsatzsteuer doppelt schuldet.[112]

Deshalb sollte sich der Unternehmer bei der Einführung von elektronischen Rechnungen dieser Gefahren bewusst sein und sich mit Hilfe eines innerbetrieblichen Kontrollverfahrens davor schützen.

2. Unberechtigter Steuerausweis

Ein unberechtigter gesonderter Steuerausweis gemäß § 14c Abs. 2 UStG liegt vor, wenn ein Unternehmer die Umsatzsteuer unberechtigt ausweist (beispielsweise Kleinunternehmer) oder jemand wie ein leistender Unternehmer abrechnet, obwohl er nicht Unternehmer ist oder eine Leistung nicht ausgeführt wurde.

Die Steuer entsteht unabhängig davon, ob der Leistungsempfänger die Rechnung tatsächlich zum Vorsteuerabzug benutzt.[113] Nach der Rechtsprechung des BFH handelt es sich um einen abstrakten Gefährdungstatbestand, weil bereits durch die Ausgabe der Abrechnung mit der da-

---

[112] Stellungnahme der Bundessteuerberaterkammer, NWB 2012 Seite 883 - 884.
[113] Kurz, S. 419.

raus folgenden Gefährdungslage die Steuerschuld begründet wird.[114] Deshalb schuldet der Rechnungsaussteller selbst dann die Steuer, wenn er an einen Nichtunternehmer leistet, obwohl dieser keine Vorsteuer geltend machen kann.[115]

Der Aussteller ist gemäß § 14c Abs. 2 Sätze 3 bis 5 UStG berechtigt die Umsatzsteuer zu korrigieren. Dies setzt voraus, dass

- der Aussteller das Abrechnungsdokument gegenüber dem Empfänger für ungültig erklärt,[116]

- durch den Umsatzsteuerausweis keine Gefährdung des Steueraufkommens eingetreten ist, weil der Rechnungsempfänger die ausgewiesene Umsatzsteuer nicht als Vorsteuer geltend gemacht hat oder der Rechnungsempfänger die ausgewiesene Umsatzsteuer als Vorsteuer geltend gemacht hat, die Gefährdung des Steueraufkommens jedoch dadurch beseitigt worden ist, dass die geltend gemachte Vorsteuer an das Finanzamt zurückgezahlt worden ist. Für die Rückzahlung der Vorsteuer ist es unerheblich, ob der Aussteller oder der Leistungsempfänger die Vorsteuer zurückzahlt.[117]

- der Schuldner der Steuer die Berichtigung des geschuldeten Betrags gesondert schriftlich beim Finanzamt beantragt. Der Schuldner hat dem für seine Besteuerung zuständigen Finanzamt ausreichend Informationen über den Leistungsempfänger zur Verfügung zu stellen. Das Finanzamt des Schuldners holt beim zuständigen Finanzamt des Leistungsempfängers Auskünfte ein, in welcher Höhe und wann ein unberechtigt in Anspruch

---

[114] BFH Urt. v. 27. 10. 1993 - XI R 99/90, BStBl II 94, 277; BFH Urt. v. 28. 1. 1993 – V R 75/88, BStBl II 93, 357.
[115] Kurz, S. 419.
[116] UStAE 14c.2 Abs. 3 Satz 1.
[117] Wagner, in Wagner, § 14c UStG Rn. 239.

genommener Vorsteuerabzug durch den Rechnungsempfänger zurückgezahlt wurde.[118]

- das Finanzamt der Berichtigung zustimmt. Die Zustimmung des Finanzamts ist ein Verwaltungsakt, gegen den bei Ablehnung Einspruch gemäß § 347 AO eingelegt werden kann.[119]

Sind diese Voraussetzungen erfüllt, kann der Schuldner unter Anwendung des § 17 UStG den geschuldeten Steuerbetrag für den Voranmeldungszeitraum berichtigen, in dem die Gefährdung des Steueraufkommens beseitigt worden ist.

3. zu niedriger Steuerausweis

Ein zu niedriger Steuerausweis wird von § 14c UStG nicht erfasst. Die Berichtigung eines zu niedrig ausgewiesenen Steuerbetrags erfolgt nach den Berichtigungsmöglichkeiten für Rechnungen gemäß § 31 Abs. 5 UStDV i. V. m. § 14 Abs. 6 Nr. 5 UStG.

IV. Aufbewahrung

Die allgemeinen Vorschriften zur Aufbewahrung von Unterlagen für buchführungspflichtige Unternehmer sind in § 147 AO normiert. Zu den aufbewahrungspflichtigen Unterlagen zählen auch Rechnungen, die als Buchungsbelege gemäß § 147 AO für 10 Jahre aufzubewahren sind. Aufbewahrt werden müssen gemäß § 14b Abs. 1 Satz 1 UStG ein Doppel der Rechnung, die der Aufbewahrungspflichtige selber für seine Unterlagen ausgestellt hat. Rechnungen, die ein Dritter im Namen des Unternehmers ausgestellt hat, sind von dem Unternehmer ebenfalls auf-

---

[118] Wagner, in Wagner, § 14c UStG Rn. 245.
[119] Wagner, in Wagner, § 14c UStG Rn. 246.

zubewahren. Der Unternehmer ist weiterhin verpflichtet alle Rechnungen, die er erhalten oder die ein Leistungsempfänger oder in dessen
Namen und für dessen Rechnung ein Dritter ausgestellt hat, aufzubewahren.

1. Aufbewahrungsverpflichtete und Aufbewahrungsdauer nach dem Umsatzsteuergesetz

a) Aufbewahrungsverpflichtete (10 Jahre)

Die allgemeine Aufbewahrungspflicht ergibt sich aus § 14b UStG. Die
Regelungen erfassen sowohl Eingangsrechnungen als auch Ausgang-
rechnungen.[120] Zur Aufbewahrung nach § 14b Abs. 1 Satz 1 bis 4 UStG
sind alle Unternehmer verpflichtet, die Rechnungen ausstellen oder
Rechnungen empfangen. Von dieser Regelung sind, mangels aus-
drücklichen Ausschlusses, auch Kleinunternehmer im Sinne von § 19
UStG betroffen.[121]

Ebenfalls aufbewahrungspflichtig sind

- Fahrzeuglieferer gemäß § 2a UStG, die im Inland neue Fahrzeu-
  ge liefern und die bei der Lieferung in das übrige Gemeinschaftsgebiet gelangen. Dabei ist es unerheblich, ob der Fahrzeuglieferer Nichtunternehmer ist oder Unternehmer ist und die
  Lieferung für seinen nichtunternehmerischen Bereich durchführt.

- Die letzten Abnehmer von innergemeinschaftlichen Dreiecksgeschäften, die die Steuer nach § 13a Abs. 1 Nr. 5 UStG schulden.

---

[120] Stadie, in Rau/Dürrwächter, § 14b UStG Rn. 1.
[121] Wagner, in Wagner, § 14b UStG Rn. 5.

- Die Leistungsempfänger, die die Steuer nach § 13b Abs. 5 UStG schulden (Reverse-Charge-Verfahren).

Die Bestimmungen des § 14b UStG wirken sich nicht über die ohnehin für buchführungspflichtige Unternehmer geltenden Bestimmungen des § 147 AO hinaus aus. Relevant sind die Bestimmungen des § 14b UStG insbesondere für nicht buchführungspflichtige Unternehmer, Nichtunternehmer oder Unternehmer, die ertragsteuerlich keine Gewinneinkünfte erzielen.[122]

Das angewandte Verfahren für die Aufbewahrung muss den Grundsätzen ordnungsgemäßer Buchführung (GoBS) entsprechen.[123] Wenn Mikrofilme zur Aufbewahrung genutzt werden, müssen diese Anforderungen für die Verwendung von Mikrofilmaufnahmen[124] und den diesem Schreiben beigefügten „Mikrofilm-Grundsätzen" sowie den „Grundsätzen DVgestützter Buchführungssysteme"[125] entsprechen. Bei Erfüllung können die Originale grundsätzlich vernichtet werden.[126]

Die Aufbewahrungsfrist beträgt 10 Jahre. Sie beginnt mit dem Schluss des Kalenderjahres, in dem die Rechnung ausgestellt worden ist.

Ein Verstoß gegen die Aufbewahrungspflichten hat gemäß § 26a Abs. 1 Nr. 1 i. V. m. § 26a Abs. 2 UStG ein Bußgeld bis zu 5.000,- € aufgrund einer Ordnungswidrigkeit zur Folge. Der Verstoß hat auf den Vorsteuerabzug vorerst keine Auswirkungen.[127] Dem Unternehmer obliegt die Feststellungslast für alle Tatsachen, die den Anspruch begründen. Liegen dem Unternehmer die Unterlagen nicht oder unvollständig vor, kann er mit allen verfahrensrechtlich zulässigen Mitteln, den Nachweis

---

[122] Korn, in Bunjes, § 14b UStG Rn. 1.
[123] UStAE 14b.1 Abs. 6.
[124] BMF-Schreiben v. 1. 2. 1984 (BStBl. I 84, 155).
[125] GoBS (Anlage zum BMF-Schreiben v. 7. 11. 1995, BStBl. I 95, 738).
[126] Abschn. 190b Abs. 7 i.V.m. Abschn. 255 Abs. 2 UStR.
[127] BMF-E S. 3.

erbringen, dass er eine ordnungsgemäße Rechnung besessen hat.[128] Dem Finanzamt verbleibt die Möglichkeit, die abziehbare Vorsteuer unter bestimmten Voraussetzungen zu schätzen oder aus Billigkeitsgründen ganz oder teilweise anzuerkennen, sofern die Voraussetzungen für den Vorsteuerabzug vorliegen.[129]

b) Aufbewahrungsverpflichtete (2 Jahre)

Die Aufbewahrungspflicht von 2 Jahren gemäß § 14b Abs. 1 Satz 5 UStG ist von Leistungsempfängern zu erfüllen, die über steuerpflichtige Werklieferungen oder sonstige Leistungen im Zusammenhang mit einem Grundstück ausgestellt wurden. Im Rahmen dieser Umsätze wird auch der Nichtunternehmer zur Aufbewahrung verpflichtet. Der Nichtunternehmer kann die Rechnung, einen Zahlungsbeleg oder eine andere beweiskräftige Unterlage wie beispielsweise den Vertrag aufbewahren, um seine Verpflichtung zu erfüllen.[130] Ebenso wie ein Unternehmer, muss auch der Nichtunternehmer gewährleisten, dass die Belege über die Aufbewahrungsdauer lesbar sind.[131] Fehlt in der Rechnung ein Hinweis auf die Aufbewahrungspflicht, kann sich der Nichtunternehmer grundsätzlich nicht auf seine Unkenntnis berufen.[132] Die Verletzung der Aufbewahrungspflicht durch den Nichtunternehmer kann gemäß § 26a Abs. 1 Nr. 3 UStG in Verbindung mit § 26a Abs. 2 UStG als Ordnungswidrigkeit geahndet und mit einer Geldbuße von bis zu 500,- € belegt werden. Der Nichtunternehmer handelt ordnungswidrig, wenn er vorsätzlich oder leichtfertig gegen seine Pflichten verstößt.

---

[128] UStAE 15.11 Abs. 1 Satz 2.
[129] UStAE 15.11 Abs. 5 ff.
[130] Wagner, in Wagner, § 14b UStG Rn. 18.
[131] Wagner, in Wagner, § 14b UStG Rn. 18a.
[132] BMF-Schreiben v. 24. 11. 2004, Tz 29, BStBl. I 04, 1122 = UR 05, 45.

2. Aufbewahrungsort

a) Inland und Gemeinschaftsgebiet

Der Aufbewahrungsort für Rechnungen inländischer Unternehmer ist in § 14b Abs. 2 Satz 1 UStG geregelt. Inländische Unternehmer haben ihren Wohnsitz, ihren Sitz, ihre Geschäftsleitung oder eine Zweigniederlassung in der Bundesrepublik Deutschland oder in Freihäfen und in den Gewässern und Watten zwischen der Hoheitsgrenze und der jeweiligen Strandlinie. In diesen Gebieten sind grundsätzlich alle Rechnungen aufzubewahren.

Einen abweichenden Aufbewahrungsort gemäß § 14b Abs. 2 Satz 2 UStG können inländische Unternehmer wählen, wenn sie ihre Rechnungen elektronisch aufbewahren. Hierbei ist die elektronische Aufbewahrung nicht mit der elektronischen Rechnungsübermittlung zu verwechseln. Die elektronische Aufbewahrung bedeutet lediglich, dass sowohl Papierrechnungen als auch elektronisch übermittelte Rechnungen in ein elektronisches Format zur Aufbewahrung gebracht werden.

Voraussetzung für einen abweichenden Aufbewahrungsort gemäß § 14b Abs. 2 Satz 2 UStG ist, dass eine vollständige Fernabfrage (Online-Zugriff) der betreffenden Daten und deren Herunterladen und Verwendung gewährleistet ist. Der Online-Zugriff ermöglicht einen staatenübergreifenden Zugriff auf die relevanten Unterlagen. Gemäß § 14b Abs. 4 Satz 2 UStG muss sichergestellt sein, dass die zuständigen Finanzbehörden die Rechnungen für Zwecke der Umsatzsteuerkontrolle über Online-Zugriff einsehen, herunterladen und verwenden können. Zusätzlich muss der Aufbewahrungspflichtige dem Finanzamt einen vom Inland abweichenden Aufbewahrungsort mitteilen. Sind diese Voraussetzungen erfüllt, kann der Unternehmer seine Rechnungen auch im übrigen Gemeinschaftsgebiet aufbewahren.

Die Aufbewahrungsregeln für elektronisch aufbewahrte Rechnungen im Gemeinschaftsgebiet richten sich nach den allgemeinen Vorschriften der AO.[133]

b)　Drittland

Der inländische Unternehmer hat weiterhin gemäß § 14b Abs. 5 UStG die Möglichkeit Rechnungen außerhalb des Gemeinschaftsgebiets, das heißt im Drittland, aufzubewahren. Bei einer Aufbewahrung im Drittland sind die Vorschriften des § 146 Abs. 2a AO anzuwenden.

Demnach kann die Finanzbehörde auf schriftlichen Antrag des Steuerpflichtigen bewilligen, dass elektronische Bücher und sonstige erforderliche elektronische Aufzeichnungen oder Teile davon außerhalb des Geltungsbereichs dieses Gesetzes geführt und aufbewahrt werden können. Dies setzt voraus, dass gemäß § 146 Abs. 2a Satz 2

- Nr. 1 AO der Steuerpflichtige der zuständigen Finanzbehörde den Standort des Datenverarbeitungssystems und bei Beauftragung eines Dritten dessen Namen und Anschrift mitteilt. Änderungen hat der Steuerpflichtige unverzüglich, also ohne schuldhaftes Zögern, der Finanzverwaltung mitzuteilen. [134]

- Nr. 2 AO der Steuerpflichtige seinen sich aus den §§ 90, 93, 97, 140 bis 147 und 200 Absatz 1 und 2 ergebenden Pflichten ordnungsgemäß nachgekommen ist. Bei diesen Pflichten handelt es sich um allgemeine Mitwirkungspflichten, Buchführungspflichten, Vorlage- und Ausweispflichten bei Außenprüfungen.

---

[133] Walkenhorst, S. 459 Rn. 1561.
[134] Rätke, in Klein, § 146 AO, Rn. 17.

- Nr. 3 AO der Datenzugriff nach § 147 Absatz 6 in vollem Umfang möglich ist und

- Nr. 4 AO die Besteuerung hierdurch nicht beeinträchtigt wird. Eine Beeinträchtigung liegt vor, wenn eine vollumfängliche Überprüfung nicht möglich ist. Dies kann beispielsweise der Fall sein, wenn zwischen den Staaten keine Auskunftsklausel im Doppelbesteuerungsabkommen vereinbart ist.[135]

Die Erlaubnis, die Rechnungen im Drittland aufzubewahren, umfasst lediglich die elektronische Buchführung. Alle Belege in Papierform müssen im Inland verbleiben.[136] Die Möglichkeit der Aufbewahrung im Drittland ist insbesondere für ausländische Konzerne interessant, denn so können inländische Tochtergesellschaften eine Verarbeitung und Speicherung ihrer Buchführung auf dem Server ihrer ausländischen Muttergesellschaft vornehmen.

3. Besonderheiten bei elektronischer Aufbewahrung

Bei elektronisch übermittelten Rechnungen, die mit einer qualifizierten elektronischen Signatur versehen sind, hat der Unternehmer neben der Rechnung auch die Nachweise über die Echtheit und die Unversehrtheit der Daten aufzubewahren, selbst wenn nach anderen Vorschriften die Gültigkeit dieser Nachweise bereits abgelaufen ist.[137]

Die elektronische Aufbewahrung von Belegen muss neben den GoBS auch den Grundsätzen zum Datenzugriff und zur Prüfbarkeit digitaler Unterlagen entsprechen. Dabei muss gemäß § 147 Abs. 2 AO gewährleistet werden, dass im Zeitpunkt der Wiedergabe die Daten mit den Buchungsbelegen bildlich und mit anderen Unterlagen inhaltlich über-

---

[135] Rätke, in Klein, § 146 AO, Rn. 17.
[136] BT-Drs. 16/10 189, 111.
[137] BMF-E S. 8.

einstimmen. Elektronische Rechnungen müssen zwingend weiterhin elektronisch aufbewahrt werden.[138] Eine Aufbewahrung in ausgedruckter Form ist nicht zulässig, weil somit nicht die Voraussetzung, das Original aufzubewahren, erfüllt ist.[139] Andererseits können Belege, die in Papierform vorhanden sind und ordnungsmäßig elektronisch archiviert werden, vernichtet werden.[140]

Das IDW ist der Meinung, dass die Finanzverwaltung regeln sollte, dass eine Änderung des Datenformats elektronisch archivierter Rechnungen im Zeitverlauf möglich ist. Dies ist vor dem Hintergrund zu sehen, dass Speichertechnologien stetig weiterentwickelt werden und Unternehmen ihre betrieblichen EDV-Systeme über den Aufbewahrungszeitraum umstellen könnten.[141]

Erfüllt ein Unternehmer nicht die Voraussetzungen für den Datenzugriff, kann gemäß § 146 Abs. 2b AO ein Verzögerungsgeld festgesetzt werden. Des Weiteren hat die Finanzverwaltung die Möglichkeit gemäß § 328 Abs. 1 AO ein Zwangsgeld gegen den Steuerpflichtigen festzusetzen, wenn er seinen Buchführungs- und Aufzeichnungspflichten nicht ordnungsgemäß nachkommt. Im Zweifel ist die Finanzverwaltung letztlich befugt gemäß § 162 AO zu schätzen.

D.   Besondere Fragestellungen

I.   Berichtigung von Rechnungen

Rechnungen können gemäß § 14 Abs. 6 Nr. 5 UStG berichtigt werden. In welchen Fällen und unter welchen Voraussetzungen eine Berichtigung erfolgen kann, wird durch Rechtsverordnung bestimmt. Demnach

---

[138] tom Suden, BC 2012, 148 (152).
[139] Rätke, in Klein, § 147 AO, Rn. 6.
[140] BMF-E S. 8
[141] IDW, WPg 2012 297 (297 – 298).

können gemäß §§ 14 Abs. 6 Nr. 5 UStG, 31 Abs. 5 UStDV Rechnungen berichtigt werden, wenn sie nicht die Pflichtangaben der §§ 14 Abs. 4, 14a UStG enthalten oder diese unzutreffend sind.

Zur Berichtigung fehlerhafter Rechnungen ist es ausreichend, die fehlende oder unzutreffende Angabe in einem neuen Dokument an den Rechnungsempfänger zu versenden oder das ursprüngliche Dokument zu korrigieren. Aus der Korrektur auf dem ursprünglichen Dokument sollte hervorgehen, wann und wer die Rechnung verändert hat, während bei einem neuen Dokument auf die ursprüngliche Rechnung Bezug zu nehmen ist.[142] Ein eindeutiger Bezug ist am besten durch Angabe der Rechnungsnummer zu erreichen.[143] Selbstverständlich muss ein neu erstelltes Dokument, die Anforderungen des § 14 Abs. 4 UStG in jeder Weise erfüllen.[144]

Die Rechnungsaussteller sind grundsätzlich befugt Rechnungen zu berichtigen, wenn sie die Rechnung gemäß § 14 Abs. 2 Satz 4 UStG erstellt haben. Jedoch sind andere Vereinbarungen zwischen den Unternehmern möglich, die Dritte dazu berechtigen Rechnungen zu korrigieren, obwohl sie die Rechnungen nicht selber ausgestellt haben.[145]

1.   aktuelle Rechtsprechung

Unsicherheit besteht derzeit, ob die Berichtigung einer fehlerhaften Rechnung auf den Zeitpunkt der Rechnungsausstellung zurückwirkt. Der EuGH hat in der Rechtssache C-152/02 (Terra Baubedarf-Handel) vom 29.4.2004 entschieden, dass der Vorsteuerabzug nach Artikel 179 Abs. 1 MwStSystRL in dem Steuerzeitraum vorzunehmen ist, in dem das Abzugsrecht entstanden ist und gemäß Artikel 178 MwStSystRL

---

[142] Korn, in Bunjes, § 14 UStG Rn. 107.
[143] Korn, in Bunjes, § 14 UStG Rn. 107.
[144] UStAE 14.11 Abs. 1.
[145] Korn, in Bunjes, § 14 UStG Rn. 108.

ausgeübt wird. Hierfür muss eine ordnungsgemäße Rechnung im Sinne des Artikel 178 Buchstabe a in Verbindung mit Artikel 226 MwStSystRL vorliegen. Dies wurde vom EuGH damit begründet, dass das Recht auf Vorsteuerabzug für die gesamte Steuerbelastung der vorausgehenden Umsatzstufen sofort ausgeübt werden kann.[146]

Dem liegt die Annahme zu Grunde, dass die Steuerpflichtigen grundsätzlich keine Zahlungen vornehmen, bevor sie eine Rechnung erhalten haben und daher keine Vorsteuer abführen. Solange keine Steuerbelastung erfolgt, kann auch keine Vorsteuer geltend gemacht werden. Die Entscheidung des EuGH bestätigte die deutsche Rechtslage, dass eine berichtigte Rechnung nicht zurückwirkt.

Anders entschied der EuGH im Urteil C-368/09 (Pannon Gép Centrum kft) vom 15.7.2010. In dem Fall hatte der Unternehmer in 2007 Rechnungen (Gutschriften) erstellt, die einen falschen Leistungszeitpunkt auswiesen, jedoch die weiteren Pflichtangaben für ordnungsgemäße Rechnungen enthielten. Die Behörden stellten bei einer Prüfung fest, dass die Rechnungen fehlerhaft gewesen sind und setzten in 2008 das Unternehmen davon in Kenntnis. Daraufhin wurden im selben Jahr die fehlerhaften Rechnungen storniert und durch berichtigte Rechnungen korrigiert. Die berichtigten Rechnungen wurden ebenso von den Behörden bemängelt, da die Gutschriften und berichtigten Rechnungen nicht fortlaufend nummeriert gewesen waren. Die Behörden untersagten den Vorsteuerabzug weiterhin.
Für viele überraschend ließ der EuGH den Vorsteuerabzug zu. Der EuGH begründete dies damit, dass für den Vorsteuerabzug die materiell-rechtlichen Voraussetzungen erfüllt sein müssen und der Behörde vor Erlass einer Entscheidung die berichtigte Rechnung zugegangen sein muss. Der Vorsteuerabzug ist nicht zu versagen, wenn die ursprüngliche Rechnung, die zum Zeitpunkt der Vornahme des Vor-

---

[146] EuGH Urt. v. 11. 7. 1991, C-97/90, Lennartz, Slg. 1991, I-EUGH-SLG 1991, 3795, Rn. 27; EuGH Urt. v. 8. 1. 2002, C-409/99, Metropol und Stadler, Slg. 2002, I- EUGH-SLG 2002, 81, Rn. 42

steuerabzugs im Besitz des Steuerpflichtigen war, ein falsches Leistungsdatum enthalten habe und dass die später berichtigte Rechnung und die die ursprüngliche Rechnung stornierende Gutschrift nicht fortlaufend nummeriert gewesen seien.

Die Entscheidung führte zu unterschiedlichen Reaktionen.

Stadie spricht sich gegen die Rückwirkung einer berichtigten Rechnung aus und verweist zur Begründung auf den Rechtsgedanken des § 14c Abs. 1 Satz 2 i.V.m. § 17 Abs. 1 Satz 7 UStG (unrichtiger Steuerausweis). Seiner Meinung nach ist § 17 Abs. 1 Satz 7 UStG entsprechend bei Berichtigungen zu unvollständigen Rechnungen anzuwenden. Für den erstmaligen Steuerausweis und in den vorgenannten Fällen muss eine ordnungsgemäße Rechnung vorliegen. In dem Besteuerungszeitraum, in dem die Voraussetzungen erfüllt sind, ist der Unternehmer berechtigt, die Vorsteuer abzuziehen. Stadie argumentiert weiter, dass auch die Regelungen des § 16 Abs. 2 Satz 1 UStG, wonach von der berechneten Steuer die in den Besteuerungszeitraum fallenden, nach § 15 UStG abziehbaren Vorsteuerbeträge abzusetzen sind, anzuwenden.[147]

Stadie´s Meinung nach ist bei der aktuellen EuGH Entscheidung die Frage zu stellen, ob ein trotz der fehlerhaften bzw. unvollständigen Rechnung vorgenommener Vorsteuerabzug bestehen bleiben kann. Dabei ist auf den Vertrauensschutz des Rechnungsempfängers abzustellen, wenn dieser die Fehlerhaftigkeit bzw. Unvollständigkeit nicht erkennen konnte oder musste. Entsprechend habe der EuGH entschieden. Demnach dürfe die Behörde den Vorsteuerabzug aus einer Rechnung, die ein falsches Leistungsdatum enthält, nicht versagen, wenn im

---

[147] Stadie, in Rau/Dürrwächter, § 14 UStG Rn. 550; ebenso: Huschens, UVR 2010,333; Meurer, DStR 2010, 2442; Nieskens, UR 2010, 697; Trinks, BB 2011, 800.

Zeitpunkt der Behördenentscheidung eine berichtigte Rechnung vorgelegen hat. [148]

Eine andere Meinung zur Rückwirkung vertritt Wäger. Er ist der Ansicht, dass zukünftig zu differenzieren ist. Während eine Rechnungsberichtigung Rückwirkung entfalten kann, könne eine erstmalig erstellte Rechnung auf den früheren Leistungszeitpunkt nicht zurückwirken. Wäger meint, dass der EuGH davon ausgeht, dass eine erfolgte Berichtigung auf den Zeitpunkt der erstmaligen Rechnungserteilung zurückwirkt. Dies gelte zumindest für den Fall, in dem die Berichtigungserklärung dem Finanzamt bis zum Zeitpunkt der Behördenentscheidung über die Versagung des Vorsteuerabzugs aus der ursprünglich erteilten Rechnung vorgelegt wird. Anders als Stadie differenziert er zwischen Rückwirkung der Rechnungsberichtigung und fehlender Rückwirkung der erstmaligen Rechnungserteilung.[149]

Wagner[150] spricht sich für eine grundsätzliche Rückwirkung der Berichtigung von Angaben, die von § 31 Abs. 5 UStDV erfasst werden, aus. Er begründet dies damit, dass nur die Sonderregelung in § 14c Abs. 1 und 2 UStG für die Berichtigung des Steuerbetrags auf den Besteuerungszeitraum der Berichtigung abstellt. Des Weiteren entfalten Angaben, die nach § 31 Abs. 5 UStDV berichtigt werden können, keine Wirkung auf den Vorsteuerabzug. Sie dienen lediglich dazu, die Angaben über die Leistungsumstände zu konkretisieren. Es ginge somit nur um Korrekturen des vorhandenen Dokuments. Dies würde für eine Rückwirkung sprechen und wäre auch in Einklang mit dem Grundsatz vom „Sofortabzug" der berechneten Umsatzsteuer als Vorsteuer. Dieser Auffassung schließt sich Widmann an.[151]

---

[148] Stadie, in Rau/Dürrwächter, § 14 UStG Rn. 551.
[149] Wäger, DStR 2010, 1475 ff.
[150] Wagner, in Wagner, § 14 UStG Rn. 484; ebenso: Martin BFH/PR 2010, 389; Sterzinger UR 2010, 700.
[151] Wagner, in Wagner, § 14 UStG Rn. 484.

Nationale Rechtsprechung und Finanzverwaltung lehnen die Rückwirkung weiterhin ab und verstehen die EuGH Entscheidung als einen Sonderfall, in dem lediglich entschieden wurde, dass auch eine neue Rechnung nach „Stornierung" der ursprünglichen Rechnung eine zulässige Rechnungsberichtigung darstellt. Der EuGH habe durch seine Entscheidung seine Grundsätze vom 29. 4. 2004 nicht aufgegeben.

In einer aktuellen Entscheidung kam das FG Hamburg zu dem Ergebnis, dass die Berichtigung einer Rechnung keine Rückwirkung entfaltet.[152] In dem zu entscheidenden Fall fehlten in den Rechnungen die Steuernummer bzw. USt-IDNr. des Rechnungsausstellers. Die Rechnung war nicht ordnungsgemäß und berechtigte deshalb nicht zum Vorsteuerabzug. Die später erfolgte Berichtigung entfaltete keine Rückwirkung.

Gegen eine Rückwirkung der Rechnungsberichtigung spricht der Wortlaut des Gesetzes, da für den Vorsteuerabzug zu dem Zeitpunkt, in dem dieser vorgenommen wird, eine ordnungsgemäße Rechnung vorliegen muss. Aufgrund eines Fehlers in der Rechnung liegen dann die materiell-rechtlichen Voraussetzungen nicht vor, sodass ein Vorsteuerabzug nicht möglich ist. Für eine Rückwirkung bei kleineren Mängeln könnte sprechen, dass es sich bei den zu berichtigenden Angaben lediglich um Nebenbestandteile handelt, die die Leistung und den darauf entfallenden Steuerbetrag nicht begründen. Meiner Meinung nach, sollte dem Gesetzeswortlaut gefolgt werden. Hiernach ist eindeutig vorgegeben, dass eine ordnungsgemäße Rechnung mit ihren Pflichtbestandteilen vorliegen muss. Die Einhaltung obliegt dem Unternehmer und dieser ist verpflichtet bei Rechungseingang die Rechnung auf ihre Vollständigkeit zu überprüfen. Kommt der Unternehmer seinen Sorgfaltspflichten nicht nach, ist er meines Erachtens auch nicht berechtigt die Vorsteuer rückwirkend geltend zu machen. Deshalb schließe ich mich

---

[152] FG Hamburg Beschluss vom 06.12.2011 - 2 V 149/11.

der Meinung an, dass eine Rechnungsberichtigung keine Rückwirkung entfaltet.

2. Kombination von Papierform und elektronischer Form bei der Rechnungsberichtigung

Das Fehlen von Pflichtangaben in Rechnungen wird oftmals erst bei Betriebsprüfungen entdeckt. Somit erfolgt die Korrektur regelmäßig zu einem erheblich späteren Zeitpunkt als dem Ausstellungsdatum der Rechnung. Bisher wurde der Frage, ob eine Rechnung, die in Papierform ausgestellt wurde, mit einem elektronisch übermittelten Dokument korrigiert werden kann, keine Aufmerksamkeit geschenkt.

Vor den Änderungen durch das Jahressteuergesetz 2011 dürfte eine Kombination von Rechnungen in Papierform und elektronisch übermittelten Rechnungen praktisch problematisch gewesen sein. So hätte dem elektronischen Dokument, mit dem die Papierrechnung berichtigt werden sollte, eine qualifizierte elektronische Signatur angehängt werden müssen oder das Dokument hätte per EDI übermittelt werden müssen. Dies wäre für den Rechnungsaussteller ein unverhältnismäßiger Aufwand gewesen.

Mit den Erleichterungen zur elektronischen Rechnungsübermittlung und der Gleichstellung mit der Rechnung in Papierform, könnte eine Kombination insbesondere bei Rechnungskorrekturen von besonderem unternehmerischem Interesse sein. Dies gilt, weil eine steigende Nutzung der elektronischen Übertragung zu erwarten ist. Sofern sich herausstellt, dass bei einer Papierrechnung Pflichtangaben fehlen, könnte der Leistungsempfänger den Rechnungsaussteller anweisen, die fehlende Angabe in einem Dokument mit Bezug auf die zu korrigierende Rechnung elektronisch zu übermitteln. Aufgrund der Erleichterungen genügt es, wenn die Echtheit der Herkunft und die Unversehrtheit des Inhalts gewährleistet sind. Hierdurch könnte eine schnelle und kostengünstige Korrektur erfolgen.

Probleme könnten sich bei einer Kombination bei der Aufbewahrung ergeben. Elektronische Rechnungen müssen elektronisch aufbewahrt werden. Somit würde eine getrennte Aufbewahrung einzelner Dokumente erfolgen, die eine Rechnung bilden. Dies ist meiner Meinung nach unproblematisch, da bei Rechnungen, die sich aus mehreren Dokumenten zusammensetzen ohnehin die Pflicht besteht, auf die anderen Dokumente zu verweisen, die Bestandteil der Rechnung sind. Deshalb wäre es unbegründet von einer Kombination der Rechnungsformen abzusehen, nur weil ein Teil in Papierform aufbewahrt wird und der andere elektronisch. Ein weiteres Argument für die Zulässigkeit einer Kombination beider Übermittlungsformen ist auch der Zweck der mit der Gesetzesänderung einhergehen soll, die Rechnung in Papierform und die elektronische Rechnung gleich zu behandeln. Daher ist eine Unzulässigkeit einer Kombination beider Verfahren nicht anzunehmen, solange die Unterlagen sowohl in Papier- als auch in elektronischer Form während der Dauer der Aufbewahrungsfrist jederzeit verfügbar, unverzüglich lesbar und maschinell auswertbar aufbewahrt werden.

II.   Allgemeine Geschäftsbedingungen

Allgemeine Geschäftsbedingungen (AGB) sind gemäß § 305 Abs. 1 Satz 1 BGB alle für eine Vielzahl von Verträgen vorformulierten Vertragsbedingungen, die eine Vertragspartei (Verwender) der anderen Vertragspartei bei Abschluss eines Vertrags stellt. Der Zweck von AGB liegt darin den Vertragsabschluss zu beschleunigen, zu vereinfachen und zu standardisieren.[153]

---

[153] Kollmann, in Dauner-Lieb/Langen, §§ 305 BGB Rn. 3.

Der Verwender kann frei bestimmen, welchen Inhalt die AGB haben sollen. Dennoch muss eine AGB-Klausel der Negativabgrenzung des § 305c BGB standhalten. Demnach werden überraschende oder mehrdeutige Klauseln in AGB nicht Vertragsbestandteil. Bestimmungen in AGB sind unwirksam, wenn sie den Vertragspartner des Verwenders entgegen den Geboten von Treu und Glauben unangemessen benachteiligen. Eine unangemessene Benachteiligung kann auch darin liegen, dass eine Bestimmung in den AGB nicht klar und verständlich ist.[154]

Die AGB-Klauseln müssen weiterhin einer Inhaltskontrolle gemäß §§ 307 bis 309 BGB standhalten.[155]

1.   Verbraucher

Damit AGB gegenüber Verbrauchern Vertragsbestandteil werden, muss der Verwender gemäß § 305 Abs. 2 BGB

- Nr. 1 die andere Vertragspartei ausdrücklich oder, wenn ein ausdrücklicher Hinweis wegen der Art des Vertragsschlusses nur unter unverhältnismäßigen Schwierigkeiten möglich ist, durch deutlich sichtbaren Aushang am Orte des Vertragsschlusses auf sie hinweisen und

- Nr. 2 der anderen Vertragspartei die Möglichkeit verschaffen, in zumutbarer Weise, die auch eine für den Verwender erkennbare körperliche Behinderung der anderen Vertragspartei angemessen berücksichtigt, von ihrem Inhalt Kenntnis zu nehmen.

Des Weiteren muss die andere Vertragspartei mit ihrer Geltung einverstanden sein.

---

[154] Stadler, in Jauernig, § 305c BGB Rn. 1
[155] Stadler, in Jauernig, § 307 BGB Rn. 1.

Fraglich ist, ob eine vorformulierte Vertragsbedingung gegenüber Verbrauchern zulässig ist, wonach der Verbraucher ausschließlich eine elektronische Rechnung erhält.

Der BGH hat in seinem Urteil vom 16.7.2009 – III ZR 299/08 in einem ähnlichen Sachverhalt zu entscheiden gehabt. In diesem Fall wurde ein Mobilfunk-Service-Provider verklagt. Dieser hat Mobilfunkleistungen zu verschiedenen Diensten angeboten. Er gewährte bei einem Online-Tarif Frei-SMS im Monat unter der Bedingung, dass die Rechnung ausschließlich online abrufbar war. Hierzu musste der Kunde das Internet-Portal aufrufen und konnte sich dann die Rechnung als pdf-Dokument herunterladen. Über das Vorliegen einer neuen Rechnung konnte der Kunde auf Wunsch kostenlos per SMS oder E-Mail hingewiesen werden. Die AGB Klausel wurde durch kursiven Druck im Vertragsformular kenntlich gemacht.

Der Kläger begehrte eine Unterlassung dieser Klausel, weil damit eine unangemessene Benachteiligung des Kunden verbunden sei.

Der BGH[156] wies die Klage, wie schon die Vorinstanzen[157] ab und führte aus, dass die Klauseln dann unwirksam sind, wenn der Verwender durch einseitige Vertragsgestaltung missbräuchlich eigene Interessen auf Kosten seiner Vertragspartner durchzusetzen versucht, ohne von vornherein auch deren Belange hinreichend zu berücksichtigen und ihnen einen angemessenen Ausgleich zuzustehen.

Die Missbräuchlichkeit von Klauseln zur Online-Rechnung wäre dann zu bejahen, wenn der Verwender bei seinem gesamten Kundenkreis ausschließlich eine Online-Rechnungsstellung vorsehen würde, da der elektronische Rechtsverkehr derzeit noch nicht als allgemein üblich angesehen werden kann. In diesem Fall, sah er dies nicht als gegeben an,

---

[156] BGH Urt. v. 16.7.2009 – III ZR 299/08; NJW 2009, 3227 ff.
[157] OLG Brandenburg Urt. vom 5.11.2008 - 7 U 29/08, OLG-Report KG 2009, 129; MMR 2009, 343; BeckRS 2008, 25051.

da die Kunden des Mobilfunkanbieters frei wählen konnten, sich also insbesondere auch für einen Standardtarif entscheiden konnten, bei dem die Rechnung in Papierform per Post verschickt wird.

Aus der Entscheidung ist zu schließen, dass gegenüber Verbrauchern Vereinbarungen von Online-Rechnungen grundsätzlich zulässig sind, solange eine Rechnung in Papierform nicht kategorisch ausgeschlossen wird und der Kunde durch den Versand in Papierform nicht benachteiligt wird.

Aufgrund des Ausschlusses von Verbrauchern vom Vorsteuerabzug sind bei der elektronischen Rechnungsstellung in den AGB gegenüber Verbrauchern keine steuerlichen Vorschriften zu beachten.

2.   Unternehmer

Die AGB, die in Verträgen mit anderen Unternehmern vereinbart werden sollen, müssen nicht den strengen Anforderungen des § 305 Abs. 2 Nr. 1 und Nr. 2 BGB entsprechen. Dennoch werden die AGB nicht automatisch Vertragsbestandteil. Damit die AGB bei Verträgen mit anderen Unternehmern gelten, sind die allgemeinen rechtsgeschäftlichen Anforderungen an Verträge und deren Auslegung gemäß §§ 145 ff. BGB anzuwenden. Von Bedeutung ist, ob sich die Einigung auch auf die Anwendung der AGB beziehen.[158]

Unternehmer, die mit anderen Unternehmern Verträge abschließen und in ihren AGB die elektronische Rechnungsausstellung festlegen wollen, sollten sich am vorgenannten Urteil orientieren. Unter Unternehmern ist auch zu beachten, dass für beide die Anforderungen an ordnungsgemäß ausgestellte Rechnungen im Sinne des Umsatzsteuergesetzes zu erfüllen sind, damit für den Rechnungsempfänger ein Vorsteuerabzug

---

[158] Kollmann, in Dauner-Lieb/Langen, § 305 BGB Rn. 80.

möglich ist. Demnach bedarf die Erstellung elektronischer Rechnungen der Zustimmung des jeweiligen Rechnungsempfängers. Ausreichend für eine Zustimmung ist bereits konkludentes Verhalten, dennoch sollte die Zustimmung zur Sicherheit dokumentiert werden. Die elektronische Rechnungserstellung darf nicht ausschließlich gegenüber allen Rechnungsempfängern vorgenommen werden, da der elektronische Rechtsverkehr noch nicht als allgemein üblich angesehen werden kann. Für die Rechnungsempfänger muss die Möglichkeit der Rechnung in Papierform verbleiben. Die Vertragsbeziehungen sollten so ausgestaltet werden, dass nicht diejenigen, die Rechnungen in Papierform erhalten möchten belastet werden, sondern vielmehr denjenigen Vorteile geboten werden, die elektronische Rechnungen empfangen möchten.

Beispielsweise könnte ein Unternehmen wie eBay, das seine Internetplattform zum Handel zur Verfügung stellt, den Unternehmern, die Produkte anbieten, grundsätzlich Papierrechnungen ausstellen. Als Anreiz könnte eBay beispielsweise 5 Auktionen im Monat kostenlos anbieten, wenn sich der Vertragspartner für eine elektronische Rechnungsstellung entscheidet und dies in seinen AGB vereinbaren.

## III.	Kontierung elektronischer Rechnungen

Bei der Kontierung werden auf den Original-Belegen die zu bebuchenden Konten und die den Konten zugehörigen Beträge erfasst. Bei Rechnungen, die in Papierform versendet werden, ist dieses Vorgehen unproblematisch. Unsicherheit besteht nunmehr, wie bei elektronischen Rechnungen zu verfahren ist.

Wenn eine elektronische Rechnung beim Rechnungsempfänger eingeht, wird diese elektronisch empfangen und muss elektronisch aufbewahrt werden. Somit ist eine Kontierung auf dem Original-Beleg nicht möglich. Gemäß den Grundsätzen ordnungsmäßiger DV-gestützter

Buchführungssysteme sind zur Erfüllung der Belegfunktion aber Angaben zur Kontierung, zum Ordnungskriterium für die Ablage und zum Buchungsdatum auf dem Beleg erforderlich. Die Reihenfolge der Buchungen ist zu dokumentieren. Nach den GoBS muss bei der Speicherung von originär elektronisch übermittelten Dokumenten beachtet werden, dass diese während des Übertragungsvorgangs auf das Speichermedium nicht bearbeitet werden können. Werden elektronisch aufbewahrte Belege bearbeitet, sind diese Vorgänge zu protokollieren und mit dem Beleg abzuspeichern.[159]

Die GoBS regeln jedoch nicht, wie mit elektronischen Rechnungen im Rahmen der Kontierung zu verfahren ist. Gleichwohl darf gemäß den GoBS die Verwendung elektronisch übermittelter Belege die Möglichkeit der Prüfung des betreffenden Buchungsvorgangs in formeller und sachlicher Hinsicht nicht beeinträchtigen.[160] Eine Kontierung könnte in der Art erfolgen, dass an die elektronische Rechnung ein Datensatz angehängt wird, in dem die notwendigen Buchungsinformationen enthalten sind. Der Datensatz und die Rechnung müssen dann so verbunden sein, dass eine Trennung nicht erfolgen kann.[161]

IV.   Online-Fahrausweise

Fahrausweise im Sinne von § 34 UStDV sind Urkunden, die einen Anspruch auf Beförderung von Personen gewähren. Werden diese online abgerufen, handelt es sich um elektronische Rechnungen. Besonderheiten ergeben sich, inwieweit die allgemeinen Anforderungen an elektronische Rechnungen auf Online-Fahrausweise anzuwenden sind. Fahrausweise, die für die Beförderung von Personen ausgegeben werden, gelten als Rechnungen im Sinne des § 14 UStG, wenn sie mindestens die folgenden Angaben enthalten:

---

[159] GoBS (Anlage zum BMF-Schreiben v. 7. 11. 1995, BStBl. I 95, 738).
[160] tom Suden, BC 2012, 142 (143).
[161] LfSt Bayern 13.2.2012, S 0316.1.1-5/1 St42.

- Nr. 1 den vollständigen Namen und die vollständige Anschrift des Unternehmers, der die Beförderungsleistung ausführt.

- Nr. 2 das Ausstellungsdatum,

- Nr. 3 das Entgelt und den darauf entfallenden Steuerbetrag in einer Summe,

- Nr. 4 den anzuwendenden Steuersatz, wenn die Beförderungsleistung nicht dem ermäßigten Steuersatz nach § 12 Abs. 2 Nr. 10 des Gesetzes unterliegt, und

- Nr. 5 im Fall der Anwendung des § 26 Abs. 3 des Gesetzes einen Hinweis auf die grenzüberschreitende Beförderung von Personen im Luftverkehr.

Enthält der Fahrausweis die erforderlichen Angaben, berechtigt dieser den Unternehmer zum Vorsteuerabzug, obwohl keine ordnungsgemäß ausgestellte Rechnung vorliegt. Bei den Fahrausweisen ist der Unternehmer berechtigt die Vorsteuer abzuziehen, wenn er den Rechnungsbetrag in Entgelt und Vorsteuer aufteilt. Bei Online-Fahrausweisen wird es für Zwecke des Vorsteuerabzugs nicht beanstandet, wenn durch das Online-Verfahren sichergestellt ist, dass eine Belastung auf einem Kunden- oder Kreditkartenkonto erfolgt und der Rechnungsempfänger einen Papierausdruck aufbewahrt.[162] Die Möglichkeit, die elektronische Rechnung auszudrucken und in Papierform aufzubewahren, ist ausschließlich bei Online-Fahrausweisen gestattet und nicht auf andere elektronisch übermittelte Rechnungen anzuwenden.[163]

---

[162] UStAE 14.4 Abs. 5 Satz 2 Nr. 2.
[163] Korn, in Bunjes/Geist, § 14 UStG Rn. 101.

V. Exkurs: Fehlerhafte steuerliche Rechnungen als handelsrechtliche Belege?

Eine für die Praxis relevante Frage ist, ob fehlerhafte Rechnungen als handelsrechtliche Belege genutzt werden können oder ob das Risiko besteht, dass der steuerliche Betriebsausgabenabzug versagt werden kann.

Belege im handelsrechtlichen Sinn dokumentieren schriftlich die Geschäftsvorfälle eines Unternehmens. Gemäß § 238 Abs. 1 HGB haben alle Kaufleute bei der Buchführung die Grundsätze ordnungsmäßiger Buchführung zu beachten. Der handelsrechtliche Beleg hat grundsätzlich eine Beweis- und Dokumentationsfunktion.[164] Damit soll belegt werden, dass die Eintragungen in den Büchern zutreffend sind. Daraus ist zu schließen, dass für einen Beleg im handelsrechtlichen Sinne der Inhalt und nicht die Form relevant ist.[165]

Unter der Richtigkeit der Eintragung versteht man eine zutreffende Aufzeichnung und Abbildung der Geschäftsvorfälle und das Verbot, inhaltlich falsche Buchungen darzustellen.[166] Der Beleg muss dem Grunde nach wahr sein. Bei einem dem Grunde nach wahren Sachverhalt ist der Beleg mit seinem Inhalt in die Buchführung aufzunehmen.[167] Dies bedeutet wiederum, wenn in einer Rechnung beispielsweise der ermäßigte Umsatzsteuersatz von 7 % anstatt des normalen Umsatzsteuersatzes von 19 % angegeben ist, dass der handelsrechtliche Ausweis der Umsatzsteuer mit 7 % zu erfolgen hat.

Die Berichtigung solch fehlerhafter handelsrechtlicher Belege kann gemäß § 239 Abs. 3 HGB erfolgen. Demnach darf eine Eintragung oder eine Aufzeichnung nicht in einer Weise verändert werden, dass der ur-

---

[164] Graf, in Hennrichs/Kleindiek/Watrin, § 257 HGB Rn. 1.
[165] Ziemer, BC 2012, 118 (119).
[166] Morck, in Koller/Roth/Morck, § 239 HGB Rn. 2.
[167] Ziemer, BC 2012, 118 (119).

sprüngliche Inhalt nicht mehr feststellbar ist. Auch solche Veränderungen dürfen nicht vorgenommen werden, deren Beschaffenheit es ungewiss lässt, ob sie ursprünglich oder erst später gemacht worden sind.[168] Daraus ist zu schließen, dass korrigierbare Fehler der Richtigkeit eines Belegs nicht entgegenstehen, sofern der Beleg dem zu Grunde liegenden Sachverhalt entsprochen hat.

Die speziellen Vorschriften für Rechnungen im Sinne des Umsatzsteuergesetzes begründen formale Anforderungen. Diese Anforderungen wirken sich jedoch lediglich auf die umsatzsteuerrechtliche Behandlung aus und entfalten keine handelsrechtlichen Auswirkungen.[169] Bisher ungeklärt ist, inwieweit fehlerhafte elektronische Rechnungen im Sinne des Umsatzsteuergesetzes steuerlich als Betriebsausgaben abgezogen werden dürfen und sich somit mindernd auf die ertragsteuerliche Gewinnermittlung auswirken.

Ziemer ist der Meinung, dass die in § 14 Abs. 6 UStG geregelte Nichtabzugsfähigkeit fehlerhafter Rechnungen allgemein formuliert sei und sich nicht nur auf umsatzsteuerliche Rechtsfolgen beschränke. Er spricht sich für eine handelsrechtliche Erfassung umsatzsteuerlich falscher Belege aus, jedoch soll die einkommensteuerliche Abzugsfähigkeit zu versagen sein. Ob dies ursächlich vom Gesetzgeber gewollt oder lediglich eine Ungenauigkeit bei der Formulierung des Gesetzes ist, bleibt seiner Meinung nach offen. Die Regelung wurde nach der Gesetzesbegründung vornehmlich erlassen, um die umsatzsteuerliche Veranlagung zu vereinfachen. Bei Eingang von Rechnungen sollte deren umsatzsteuerliche Fehlerfreiheit geprüft werden. Erst wenn diese gegeben ist, empfiehlt es sich, mit Blick auf die Gewährleistung des Vorsteuer- und Betriebsausgabenabzugs die Zahlungen auszuführen. Bei Fehlerhaftigkeit einer Rechnung kann die Zahlung zurückgehalten

---

[168] Merkt, in Baumbach/Hopt, § 239 HGB, Rn. 3.
[169] Ziemer, BC 2012, 118 (120).

und vom Rechnungsaussteller die Ausstellung einer fehlerfreien Rechnung verlangt werden.[170]

Meiner Meinung nach ist nicht von einer Ausweitung der umsatzsteuerrechtlichen Regelungen auf die ertragsteuerrechtlichen Regelungen auszugehen. Dies lässt sich eindeutig aus dem Zweck der Rechnung im Rahmen des Umsatzsteuergesetzes schließen. Demnach dient eine ordnungsgemäß ausgestellte Rechnung vorrangig dem Vorsteuerabzug und der kontinuierlichen Besteuerung auf den einzelnen Handelsstufen. Somit soll eine lückenlose Besteuerung gewährleistet werden und dem Missbrauch durch Steuerverkürzung begegnet werden.

Wie bereits oben beschrieben ist eine ordnungsgemäß ausgestellte Rechnung materiell-rechtliche Voraussetzung für den Vorsteuerabzug. Die Gewinnermittlung eines Unternehmens erfolgt durch die Buchführung aufgrund von handelsrechtlichen Belegen. Aus dem handelsrechtlich ermittelten Gewinn ist unter Berücksichtigung einiger voneinander abweichender Ansatzmöglichkeiten zwischen Handelsbilanz und Steuerbilanz der steuerliche Gewinn zu ermitteln und zu versteuern.

Somit bilden für die ertragsteuerliche Gewinnermittlung die handelsrechtlichen Belege die Grundlage. Deshalb sind an die Belege nur die Anforderungen zu stellen, dass sie dem Grunde nach wahr sind. Eine Anwendung des Rechnungsbegriffs gemäß § 14 UStG mit den Folgen des Versagens des Steuerabzugs bei fehlerhaften Rechnungen ist deshalb auszuschließen. Somit sollten auch, wenn elektronische Rechnungen fehlerhaft sind, diese als handelsrechtliche Belege zu nutzen sein und als Betriebsausgaben in die steuerliche Gewinnermittlung mit einbezogen werden.

Wenngleich die Grundsätze ordnungsmäßiger Buchführung in hohem Maße durch die steuerrechtliche Rechtsprechung beeinflusst werden,

---

[170] Ziemer, BC 2012, 118 ff.

dürfen steuerrechtliche Gesichtspunkte die Auslegung handelsrechtlicher Grundsätze ordnungsmäßiger Buchführung nicht beeinflussen. [171] Folglich erfüllen nicht ordnungsgemäß ausgestellte elektronische Rechnungen trotz ihrer steuerrechtlichen Fehlerhaftigkeit die handelsrechtlichen Anforderungen an Belege.[172]

Ein weiteres Argument dafür, dass nicht von einer Ausstrahlung von umsatzsteuerrechtlichen auf ertragssteuerrechtliche Regelungen auszugehen ist, kann unter anderem auch bei den Bewirtungsaufwendungen gesehen werden. Dabei kann der bewirtende, zum Vorsteuerabzug berechtigte Unternehmer nach § 15 Abs. 1a UStG die in den Bewirtungsaufwendungen enthaltene Umsatzsteuer in voller Höhe von der Vorsteuer abziehen und nicht nur die nach § 4 Abs.1 Nr. 2 EStG abzugsfähigen 70%.

Ist ein Beleg jedoch formal und dem Grunde nach falsch, muss der Unternehmer damit rechnen, dass der Beleg nicht als Aufwand berücksichtigt werden darf und somit ein höherer Gewinn ausgewiesen werden muss.

E. Fazit

In den letzten Jahren hat der elektronische Handel stetig zugenommen. Insbesondere für die Branchen die automatisierte Bestellsysteme verwenden und somit mit geringen Personaleinsatz hohe Umsätze erzielen können, besteht die Notwendigkeit (automatisierte) elektronische Rechnungen zu verwenden. Aber auch für den klassischen Handel bietet die elektronische Rechnung erhebliche Einsparpotentiale. Es ist somit damit zu rechnen, dass die elektronische Rechnungsstellung in Zukunft an Bedeutung zunimmt. Insofern handelt es sich bei der Neuregelung des

---

[171] Graf, in Hennrichs/Kleindiek/Watrin, § 238 HGB Rn. 48.
[172] Graf, in Hennrichs/Kleindiek/Watrin, § 238 HGB Rn. 48.

§ 14 UStG um eine zeitgemäße aber auch fällige Anpassung der Rechtsnorm an die Bedürfnisse der Märkte. Besonders die Stellungnahme des BMF ist hier begrüßenswert, da die Finanzverwaltung frühzeitig versucht Zweifelsfragen zu klären. Allerdings bleiben in Randbereichen Fragen offen, mit deren Klärung zeitnah zu rechnen ist. Es sind weitere Anpassungen in den anderen Rechtsgebieten notwendig. Dies gilt, wie gezeigt, beispielsweise für die allgemeinen Geschäftsbedingungen oder bei der handelsrechtlichen Nutzung fehlerhafter steuerlicher Rechnungen. Allerdings birgt die elektronische Rechnung auch Gefahren für den Rechtsanwender. Die Finanzverwaltung überträgt immer mehr Verantwortung an den Steuerpflichtigen. Beispielhaft sei nur die elektronische Steuererklärung genannt. Es besteht einerseits die Gefahr, dass dem Steuerpflichtigen aufgrund formaler Mängel Nachteile entstehen. Andererseits, dass die Finanzverwaltung durch elektronische Datenverarbeitungssysteme in der Lage ist ungleich mehr Informationen zu verarbeiten und zu verproben, als das früher der Fall war. Der Steuerpflichtige sollte daher sehr sorgsam bei der Anwendung der elektronischen Übermittlung von steuererheblichen Daten sein.

Literaturverzeichnis

Bathe, Hans-Jürgen | Umsatzsteuer-Richtlinien 2008: Neues zur Rechnungserteilung und zum Vorsteuerabzug
BC 2008, 146 - 151

Baumbach, Adolf
Hopt, Klaus | Handelsgesetzbuch, Band 9
35. Auflage, München 2012
(zitiert: Bearbeiter, in Baumbach/Hopt, § ... HGB, Rn. ...)

Beeck, Volker | Grundlagen der Steuerlehre
5. Auflage, Wiesbaden 2012
(zitiert: Beeck, S. ...)

Bundessteuerberaterkammer
(BStBK) | Stellungnahme der Bundessteuerberaterkammer an das Bundesministerium der Finanzen zum Entwurf eines einführenden BMF-Schreibens zur Vereinfachung der elektronischen Rechnungsstellung zum 1. Juli 2011 durch das Steuervereinfachungsgesetz 2011
http://www.bstbk.de/de/presse/stellungnahmen/arch iv/20120224_stellungnahme_bstbk/index.html,
(letzter Aufruf: 11.06.2012, 16:19 Uhr)
(zitiert.: BStBK, Stellungnahme)

Bunjes, Johann | Umsatzsteuergesetz - Kommentar
10. Auflage, München 2011
(zitiert: Bearbeiter, in Bunjes, § ... UStG Rn. ...)

Crantz, Carsten	Elektronischer Rechnungsversand: Was ist bei Signaturen und EDI-Verfahren in der Praxis zu beachten? BC 2010, 168 – 172
Dauner-Lieb, Barbara Langen, Werner	BGB Schuldrecht Band 2/1 2. Auflage, Baden-Baden 2012 (Bearbeiter, in Dauner-Lieb/Langen, § … BGB Rn. …)
Fetzer, Thomas Arndt, Hans-Wolfgang	Einführung in das Steuerrecht 4. Auflage, Heidelberg 2012 (zitiert: Fetzer/Arndt, S. …)
Groß, Stefan Lamm, Martin	Der richtige Umgang mit elektronischen Rechnungen BC 2009, 514 - 518
Groß, Stefan Lamm, Martin	Elektronische Rechnungen – Praktische Hinweise zur Neuregelung ab dem 1. 7. 2011 BC 2011, 244 - 248
Heger, Heike	Konzentrierter Praxisleitfaden zur Rechnungsstellung bei ausländischen Geschäftspartnern: ausgewählte Fälle BC 2012, 81 - 84
Hennrichs, Joachim Kleindiek, Detlef Watrin, Christoph	Münchener Kommentar zum Bilanzrecht, Band 2 München 2012 (zitiert: Bearbeiter, in Hennrichs/Kleindiek/Watrin, § … HGB Rn. …)

Hoeren, Thomas Sieber, Ulrich	Handbuch Multimedia-Recht 30. Ergänzungslieferung, München 2012 (zitiert: Bearbeiter, in Hoeren/Sieber, Teil ... Rn. ...)
Huschens, Ferdinand	Erleichterungen bei elektronischen Rechnungen NWB 2011, 3438 – 3448
Institut der Wirtschaftsprüfer (IDW)	IDW Eingabe zur Vereinfachung der elektronischen Rechnungsstellung WPg 2012 297 - 298
Jakob, Wolfgang	Umsatzsteuer 4. Auflage, München 2009 (zitiert: Jakob, S. ... Rn. ...)
Jauernig, Othmar	Bürgerliches Gesetzbuch 14. Auflage, München 2011 (zitiert: Bearbeiter, in Jauernig, § ... BGB Rn. ...)
Kindl, Johann	Elektronischer Rechtsverkehr und digitale Signatur MittBayNot 1999, 29 – 41
Klein, Franz	Abgabenordnung 11. Auflage, München 2012 (zitiert: Bearbeiter, in Klein, § ... AO Rn. ...)
Koller, Ingo Roth, Wulf-Henning Morck, Winfried	Handelsgesetzbuch 7. Auflage, München 2011 (zitiert: Bearbeiter, in Koller/Roth/Morck, § ... HGB Rn. ...)

Korf, Ralph   Unrichtige und mehrfache Rechnungen
                             UVR 2012, 109 – 111

Korn, Christian   Steuerliche Gesetzesänderungen 2011/2012
                             GWR 2012, 326598

Kossens, Michael   Das Gesetz zur Intensivierung der Bekämpfung der
                             Schwarzarbeit und damit zusammenhängender
                             Steuerhinterziehung
                             BB-Beilage 2004, Heft 352, 1 – 9

Kurz, Dieter   Finanz und Steuern Band 2, Umsatzsteuer
                             16. Auflage, Stuttgart 2012
                             (zitiert: Kurz, S. …)

Matheis, Philipp   Praxis der Rechnungsstellung
Gensel, Maximilian   UVR 2011, 334 - 341

Palandt, Otto   Bürgerliches Gesetzbuch
                             71. Auflage, München 2012
                             (zitiert: Bearbeiter, in Palandt, § … BGB Rn. …)

Radeisen, Rolf   Erläuterungen der EU zu den Rechnungsanforde-
                             rungen
                             DB 2012, M8

Rau, Günter   Kommentar zum Umsatzsteuergesetz
Dürrwächter, Erich   Köln 2012
                             (zitiert: Bearbeiter, in Rau/Dürrwächter, § … UStG
                             Rn. …)

Roßnagel, Alexander	Fremdsignierung elektronischer Rechnungen: Vor-steuerabzug gefährdet BB 2007, 1233 - 1236
Roßnagel, Alexander	Die Ausgabe sicherer Signaturerstellungseinheiten MMR 2006, 441 – 446
Roßnagel, Alexander Fischer-Dieskau, Stefanie	Automatisiert erzeugte elektronische Signaturen MMR 2004, 133 – 139
Säcker, Franz Jürgen Rixecker, Roland	Münchener Kommentar zum Bürgerlichen Gesetz-buch, Band 1, Allgemeiner Teil §§ 1 – 240 - ProstG - AGG 6. Auflage, München 2012 (zitiert: Bearbeiter, in Säcker/Rixecker Bd. 1, § … Rn. …)
Scheffler, Wolfram	Besteuerung von Unternehmen I 12. Auflage, Heidelberg 2012 (zitiert: Scheffler, S. …)
Schumm, Harald	Die elektronische Rechnungsstellung StuB 2012, 187 – 190
Spindler, Gerald Schuster, Fabian	Recht der elektronischen Medien 2. Auflage, München 2011 (zitiert: Bearbeiter, in Spindler/Schuster, SigG, § … Rn. …)
Sterzinger, Christian	Notwendiger Inhalt einer Rechnung nach dem UStG NJW 2009, 1127 - 1128

tom Suden, Peter	Elektronischer Rechnungsaustausch: Aktueller Zwischenstand Entwurf eines BMF-Schreibens vom 1.2.2012 BC 2012, 148 - 153
Thome, Rainer Schinzer, Heiko	Electronic Commerce 2. Auflage, München 2000 (zitiert: Thome/Schinzer, S. …)
Tappen, Falko Mehrkhah, Elnaz	Das Steuervereinfachungsgesetz 2011 – Unternehmens- relevante Änderungen SteuK 2011, 423 - 427
Tipke, Klaus Lang, Joachim	Steuerrecht 20. Auflage, Köln 2010 (zitiert: Bearbeiter, in Tipke/Lang, Steuerrecht, § … Rn. …)
Wagner, Wilfried (Hrsg.)	Sölch/Ringleb Umsatzsteuer München 2011 (zitiert: Bearbeiter, in Wagner, § … UStG Rn. …)
Walkenhorst, Ralf	Praktikerhandbuch Umsatzsteuer 3. Auflage, Herne 2011 (zitiert: Walkenhorst, S. … Rn. …)
Wäger, Christoph	Recht auf Vorsteuerabzug – Nationale Regelung, die eine falsche Angabe auf der Rechnung mit dem Verlust des Rechts auf Vorsteuerabzug ahndet DStR 2010, 1475 - 1479

Weimann, Rüdiger (Hrsg.) Lang, Fritz	Umsatzsteuer – national und international 3. Auflage, Stuttgart 2011 (zitiert: Bearbeiter, in Weimann/Lang, § … UStG S. …)
Widmann, Werner Küffner, Thomas	Steuerforum 2012 - Aktuelle Umsatzsteuer - Stuttgart 2012 (zitiert: Widmann/Küffner, S. …)
Ziemer, Wolfgang	Fehlerhafte elektronische Rechnungen als handels- rechtliche Belege? BC 2012, 118 – 121

Abkürzungsverzeichnis

Die Abkürzungen folgen, sofern nicht anders gekennzeichnet

Kirchner, Hildebert   Abkürzungsverzeichnis der Rechtssprache

6. Auflage, Berlin 2008